AF400077

Günter Sack

Es werde dunkel

Ein Spaziergang durch die Geschichte der Filmbearbeitung

Mit 21 Abbildungen

Berlin 2020

Autor: Günter Sack
Umschlaggestaltung, Matthias Sack
Korrektorat: Susanne Weber
weitere Mitwirkende: Regine Sack

Verlag & Druck: tredition GmbH, Halenreie 40-44, 22359 Hamburg
ISBN: 978-3-347-02077-1 (Paperback)
         978-3-347-02078-8 (Hardcover)
         978-3-347-02079-5 (e-Book)

Bibliografische Information der Deutschen Nationalbibliothek:
Die Deutsche Nationalbibliothek verzeichnet diese Publikation in der
Deutschen Nationalbibliografie; detaillierte bibliografische Daten sind im
Internet über http://dnb.d-nb.de abrufbar.

Für meine Frau Regine, die ihr ganzes Berufsleben
dem Film gewidmet hat und mir mit viel Geduld
beim Schreiben zur Seite stand.

Inhaltsverzeichnis

Es werde dunkel – Ein Spaziergang durch die Geschichte der Filmbearbeitung

Vorwort

Als Geburtsjahr des Kinos wird gern das Jahr 1885 genannt. Zu der Zeit experimentierte man in vielen Ländern an Verfahren zur Darstellung des bewegten Bildes. Der entscheidende Durchbruch auf dem Weg zur industriellen Anwendung war allerdings die Einführung des Zelluloids als Schichtträger durch die Eastman Kodak Company im Jahre 1889. Das Patent ging zwar bereits 1887 an den Amerikaner Hannibal Goodwin, der nach elf Jahren Rechtsstreit gegen Eastman gewann, jedoch hatte dieser den Filmmarkt bereits für sich erobert und konnte problemlos die Geldbuße von 5 Mill. Dollar zahlen. In Zusammenarbeit mit dem Erfinder Edison entstand der 35mm breite Film mit einer Perforation von 4 Löchern pro Bild. Am 24.08.1889 zum Patent angemeldet, wurde er zehn Jahre später zum internationalen Standard. Weltweit baute man Geräte für das neue Medium Film und schuf mit Kopieranstalten Arbeitsplätze für viele tausend Mitarbeiter. Aus dem anfänglich schwarzweißen Film mit Zwischentiteln und Klavierbegleitung wurde der Tonfilm, dessen Beginn nach etlichen Patentstreitigkeiten auf das Jahr 1929 datiert werden kann. 1936 schließlich war das Geburtsjahr des modernen Farbfilmverfahrens in Europa. Verbunden damit war die Notwendigkeit einer exakten Verarbeitung des neuen Mehrschichten-Materials unter sensitometrischer Kontrolle. Nach dem 2. Weltkrieg begann man Ausbildungsberufe für die industrielle Filmbearbeitung zu schaffen und die folgenden Jahrzehnte führten mit der Entwicklung neuer Emulsionen und präziserer Geräte zur ständigen Verbesserung der Bild- und Tonqualität im Filmtheater. Im Jahr 2003 war jedoch die Digitalisierung des Kinos absehbar und die Majors der Kinobranche legten mit einer Auflösung von 4K die technische Untergrenze für das neue Medium fest. Computerfirmen schufen mit neuer Hard- und Software die erforderlichen Voraussetzungen und in wenigen Jahren vollzog sich, vom Publikum fast unbemerkt, der Wandel vom analogen zum digitalen Kinozeitalter. Wenn man also 1889 als das Geburtsjahr der Filmrolle bezeichnen dürfte, kann man 2009 das Ende dieser Ära nennen.

Wenige Jahre später traf ich durch Zufall einen alten Schulfreund, mit dem ich ins Gespräch kam und der mich bat, etwas über meine Zeit in den Kopierwerken zu erzählen. So ergaben sich zwanglose Treffen, während denen ich rückblickend über meine Erinnerungen berichtete. Vieles konnte zu Gunsten der leichten Verständlichkeit nur ohne allzu theoretischen Ballast behandelt werden. Im Text vorkommende Namen bekannter Konstrukteure sollen stellvertretend für unzählige, hier nicht erwähnte Filmpioniere stehen.

Kaum ein anderes Medium hat die Menschen so bewegt wie der Film, der für Menschen aller Schichten 90 Minuten Entspannung vom Alltag bedeutete.

Das digitale Kino wird auch weiterhin seine Zuschauer verzaubern, aber eine Filmrolle wird sich in absehbarer Zeit in keinem Projektor mehr drehen.

„Denn es ist zuletzt doch nur der Geist,
der jede Technik lebendig macht."
(Johann Wolfgang von Goethe)

Unsere Begegnung begann an einem warmen Spätsommertag im August, ich hatte gerade meinen Einkauf an der Supermarktkasse bezahlt, der Verkäuferin einen schönen Feierabend gewünscht und meinen Einkaufswagen in Richtung Ausgang bugsiert. Kurz bevor ich ins Freie trat, hörte ich hinter mir eilige Schritte.

„Ich glaube, wir kennen uns!" Noch während ich überlegte, woher ich diese Stimme kannte, hatte ich eine Hand auf meiner Schulter. Ich drehte mich um und sah einen schlanken, braungebrannten Typen. „Kalli Blumenthal? – das gibt's ja nicht!" Nach fast 50 Jahren hatte ich ihn sofort wiedererkannt. Kalli trug hellblaue Jeans zum weißen Oberhemd, dazu einen modischen Blazer und braune Sandalen. Eine Sonnenbrille steckte in seinem dunkelblonden Haar und mit seinen 1,90 m überragte er mich um fast einen halben Kopf. Seine leicht gebogene Nase in einem von feinen Fältchen durchzogenen, lederartigen Gesicht gaben ihm das Aussehen eines würdevollen Häuptlings aus einem Indianerfilm. Er fiel schon damals in unserer Klasse durch seine Größe auf, um so paradoxer war es, dass die meisten Mädels ihn „Blümchen" nannten.

„Ich beobachte dich schon eine ganze Weile hier im Supermarkt und ehrlich gesagt, erst als ich deine Stimme hörte, wusste ich, dass du es wirklich bist", lächelte er.

Na klar, dachte ich, meine wenigen Haare waren grau geworden, ich trug einen Dreitagebart und war etwas nachlässig gekleidet.

„Wie kommt es, dass du dich kaum verändert hast und was machst du hier in der Stadt?" fragte ich mit leichtem Neid. „In meiner Firma musste Personal abgebaut werden und mit einer akzeptablen Abfindung hatte ich plötzlich ein paar Jahre früher Freizeit als geplant", erwiderte er und überging den ersten Teil meiner Frage. „Und da dachtest du, mal sehen, was sich in unserer Geburtsstadt so getan hat, richtig? Das Letzte, was ich von dir wusste, war, dass du in München bei einer Zeitung gearbeitet hast", sagte ich.

„Richtig", meinte er, „da blieb ich auch bis zum Schluss. Wohnen tue ich allerdings in Murnau, das liegt ca. 70 km von München entfernt." „Murnau", sagte ich, „da fällt mir spontan der *Blaue Reiter* ein, und der Stummfilm-Regisseur Friedrich Wilhelm Murnau." „Stimmt", sagte mein alter Schulfreund. „Du meinst die Künstlergruppe um Kandinski und Münter, dein Regisseur, der mit der Gruppe übrigens befreundet war, hieß eigentlich Friedrich Wilhelm Plumpe. Er nannte sich nach der Stadt Murnau und wurde unter diesem Namen berühmt. Hast du eine besondere Beziehung zu dem Regisseur? Du warst ja damals unser Klassenfotograf, wie ich mich entsinne."

Ich schlug vor, bei einer Tasse Kaffee alte Erinnerungen aufzufrischen und so saßen wir uns kurz darauf in einem Restaurant gegenüber.

„Wann haben wir uns eigentlich aus den Augen verloren?", fragte ich, nachdem die Kellnerin unsere Bestellung aufgenommen hatte. „Das kann ich dir genau sagen, Thomas", begann mein alter Schulfreund. „Es war im August 1960. Mein Vater bekam ein Angebot von seinem Bruder, also meinem Onkel, nach München umzusiedeln. Es war dort bei einer Zeitung eine Stelle als Redakteur frei und da unsere Familie nach dem 2. Weltkrieg in alle Winde zerstreut war, bekamen wir die Gelegenheit wieder näher zusammen zu rücken." „Du warst nach den großen Ferien plötzlich nicht mehr da", erinnerte ich mich. „Es muss wohl eine Nacht- und Nebelaktion gewesen sein." „Kann man so sagen", meinte er und sah mich mit seinen blaugrauen Augen über den Rand seiner Tasse an. „Das Land war schon geteilt, aber verriegelt war es erst nach dem 13. August 61, wie du weißt." „Ja", sagte ich. „Das war eine bedrückende Zeit damals, wir waren gerade in der Pubertät und träumten von der weiten Welt, die plötzlich eng und klein wurde. Du hattest da Glück." „Ja, siehst du, in dem Alter ist man von den Entscheidungen der Eltern abhängig und manchmal waren sie richtig", meinte er. „Bist du, als du erwachsen wurdest, nie in die andere Stadthälfte zurückgekehrt?" fragte ich ihn. „Es gab doch Fördergelder und zum Bund brauchte man auch nicht." „Ich war öfter zu Besuch hier, fühlte mich aber immer eingeengt obwohl viele es die Insel der Glückseeligen nannten", schmunzelte er, „aber erzähl doch mal, wie es dir in der Zwischenzeit ergangen ist, bist du verheiratet und was machst du beruflich?"

Nachdem wir uns über unsere Ehepartner, Kinder und Enkelkinder ausgetauscht hatten, fragte mich Kalli, ob ich denn, wie unsere Klassenlehrerin empfohlen hatte, Fotoreporter geworden bin.

„Nein", lächelte ich. „In meinem späteren Beruf hatte ich zwar eine fotografische Grundausbildung, aber für eine Reporter-Karriere fehlten mir ein paar Voraussetzungen, die man damals in der DDR brauchte. Mein Plan, nach der Schulzeit Fotolaborant zu werden, wurde mir schnell von einem bekannten Berliner Fotohändler mit dem Verweis auf die erbärmlich niedrige Bezahlung ausgeredet. In den 80er Jahren fotografierte ich dann allerdings, zusammen mit meiner Frau, die ebenfalls seit ihrer Kindheit fotobegeistert ist und eine Kopierwerksausbildung hat, einige Zeit nebenberuflich.

Ich war, wie du dich richtig erinnert hast, als Schüler oft mit meinem Fotoapparat unterwegs, aber eine besondere Faszination ging für mich immer vom bewegten Bild aus. Es ist wahrscheinlich auf ein kindliches Erlebnis zurückzuführen. In den frühen fünfziger Jahren ging ich mit meinen Eltern an der Jannowitzbrücke durch eine nächtliche Straße, die so verlassen aussah, wie die Straße auf dem Bild von Franz Radziwill, weißt du? Berlin litt noch unter den Schäden des zweiten Weltkriegs, es gab viele Ruinen und aus einem offenen Fenster projizierte jemand mit einem kleinen Projektor einen Film auf die seitliche Wand einer fensterlosen Fassade. Am liebsten wäre ich bis zum Ende der Vorführung stehen geblieben, aber es war Herbst und schon recht kalt. Ein richtiges Kino hatte ich noch nie von innen gesehen und das Fernsehen steckte noch in den Kinderschuhen. Dies war, glaube ich, mein Schlüsselerlebnis. Dann kam das Jahr 1960, in den Kneipen, im Westteil der Stadt, spielten die Musikboxen *Wunderland bei Nacht*, von Bert Kaempfert und ich sah in einem Kino am alten Potsdamer Platz den abendfüllenden Dokumentarfilm *Traumstrasse der Welt* von Hans Domnick. Die Fahrtaufnahmen auf der Panamericana in CinemaScope und Farbe waren für die damalige Zeit überwältigend. Man hatte die Illusion, selbst in dem Auto zu sitzen. Das Filmplakat mit einer anmutigen jungen Frau in mexikanischer Tracht sehe ich noch vor mir. Den später gedrehten zweiten Teil konnte ich dann nicht mehr sehen, denn es kam die Teilung Deutschlands. Ein weiteres unvergessliches Ereignis war einige Jahre später die Aufführung des Films *Die glorreichen Sieben* in einem Freilichtkino in unserem Ort. Das war der erste Western bei uns im Osten und die Kinokarten waren im Nu ausverkauft. Wer nicht mehr reinkam saß auf den Parkbäumen oder stand an der Umzäunung. Man setzte den Film sehr schnell ab, wohl aus Angst vor Unruhen, die Grenzen waren zu der Zeit schon geschlossen. Wenn ich in unser Freilichtkino ging, versuchte ich immer einen Platz in der Mitte der letzten Reihe zu erwischen, denn von dort aus konnte man die Vorbereitungen der Filmvorführer beobachten, wenn sie an den großen, in einem Bus installierten Maschinen hantierten." „Den alten Potsdamer Platz habe ich noch in Erinnerung", sagte Kalli. „Auch an die Kinos entsinne ich mich schwach." „Ja", sagte ich. „Sie hießen *Aladin* und *Camera* und waren, wie ich später erfuhr, als Grenzkinos speziell für Ostberliner gedacht."

„Von deiner Kinoleidenschaft hattest du aber in unserer Klasse nie etwas erwähnt" sagte mein alter Schulfreund. „Ich dachte, du bist sicher Fotograf geworden."

„Manche Zusammenhänge werden einem oft erst später klar, aber ich hatte großes Glück alles über die Entwicklung der Kinotechnik von den Anfängen bis zum Ende zu erfahren."

„Ok", meinte Kalli, wie wir Jungens Karl Heinz in unserer Klasse immer nannten, „Anfang gut und schön, aber ein Ende ist sicher nicht in Sicht." „Gut", korrigierte ich mich. „Wenn du die Säle meinst, in denen von elektronischen Projektoren, sogenannten Beamern, Filme von Festplatten oder Servern abgespielt werden, hast du sicher Recht. Aber das Kino, wie ich es meine, begann und endete mit einer Filmrolle."

Offenbar hatte ich Kalli's Neugier geweckt, denn er bat mich, davon etwas genauer zu erzählen.

„Weißt du", sagte ich, „wenn du zum ersten Mal in deinem Leben eine Filmbüchse öffnest und den Geruch einer Filmrolle in die Nase bekommst, bist du wahrscheinlich mit dem Virus Film für dein Leben infiziert. So erging es mir und sicher vielen in der Branche, die in ihrem Leben nie mehr etwas anderes machen wollten.

Wenn man in den sechziger Jahren in einem Filmkopierwerk arbeitete, konnte man sicher sein, dass die alten Hasen dort einen riesigen Erfahrungsschatz hatten und nur zu gern von ihrer Jugendzeit erzählten; wie es war als der Stummfilm vom Tonfilm abgelöst wurde, als die Filme farbig wurden und wie manches Mal ein brennender Nitrofilm ein Inferno im Kino anrichtete."

Kalli lächelte. „Du arbeitest also in einem Kopierwerk. Das ist eine Firma, die Filme fürs Kino vervielfältigt, richtig?"

„Vervielfältigt hat", berichtigte ich ihn, „denn die Zeiten der Filmrolle sind vorbei, aber die Geräte die dort zum Einsatz kamen und meistens nur noch im Technik-Museum zu besichtigen sind, waren das Werk vieler kluger Köpfe.

Mein Einstieg in die Filmbranche war wie gesagt in den sechziger Jahren und das betreffende Kopierwerk erst wenige Jahre alt.

Da zu Beginn im Bereich Staatliches Filmarchiv die leicht entflammbaren Nitrofilme auf Sicherheitsfilm umkopiert werden sollten, mussten bestimmte Bauauflagen eingehalten werden. Es galt in großen Teilen noch die Polizeiverordnung von 1937, die sogenannte Zellhornvorschrift. Die Gebäude in denen Filmmaterial bearbeitet wurde, durften nicht höher als 2 Etagen sein. Die Arbeitsräume bekamen selbstschließende Stahltüren und die Gänge zwischen den Projektionsräumen, den Vorführungen, wurden mit Sprinkleranlagen ausgerüstet."

„Bei zwei Etagen", meinte Kalli, „hatte man sicher nicht das Gefühl in eine Fabrik zu gehen." „Das stimmt", bestätigte ich. „Als ich bei meiner Einstellung den ersten Rundgang machte, war ich von der Ruhe auf den Gängen beeindruckt. Alles wirkte gediegen und sauber. Einzelne Gebäudetrakte waren durch verglaste Brücken miteinander verbunden, Negativ-Schneideräume sonnige Arbeitsplätze und überall hörte man leise Musik vom hauseigenen Studio. Selbst in den Kopierkammern, in denen maximal zwei Maschinen standen, war in der

Anfangszeit, als es noch keine wirklich schnell laufenden Automaten gab, das Grundgeräusch niedrig. Deutlich lauter ging es im Bereich Entwicklung zu, denn dort standen viele Entwicklungsmaschinen auf großer Fläche nebeneinander. Die Prüfräume waren, ähnlich kleinen Kinos, mit Leinwand, Sitzreihen und einem Pult ausgerüstet. Sie wurden von den Projektorräumen durch Kabinenfenster getrennt und hatten untereinander eine Sprechfunkverbindung. Dann gab es noch den Bereich Tontechnik mit der Lichtton-Umspielung, das Labor mit angeschlossener Film-Messtechnik, der sogenannten Sensitometrie, und den Bäder-Ansatzraum für die Chemikalien. Nicht zu vergessen, die Lichtbestimmung, sie war die Nahtstelle zwischen künstlerischen Vorgaben der Studios und technischer Realisierbarkeit im Kopierwerk. Weiterhin gab es noch die Räume, in denen die Filmmaterialien geschnitten und geklebt wurden. Dazu gehörten: die Rohfilmkleberei in der bei völliger Dunkelheit die zu verarbeitenden Filmlängen konfektioniert wurden, die Negativmontage, die Filmnegative kopierfertig einrichten musste, und die Positivkleberei als letzte Station vor der Auslieferung durch die Expedition an den Filmverleih. Außerdem gab es Werkstätten für alle Maschinen, ein Elektronik-Labor, einen Fuhrpark und ein Verwaltungsgebäude mit einem separaten großen Kinosaal, der sogenannten Kundenvorführung."

„Was ist denn dein Spezialgebiet, wenn man das so sagen darf?", fragte Kalli.

„Es ist, wie du dir denken kannst, die Lichtbestimmung", sagte ich. „Durch die ständigen Kontakte mit Kameraleuten, konnte ich einiges über Kameras und Kameratechnik erfahren. An all den anderen Geräten, die bei der Filmbearbeitung zum Einsatz kamen, habe ich während der Lehrausbildung selbst kurze Zeit gearbeitet.

Aber ich möchte dich jetzt nicht mit meinen persönlichen Erinnerungen langweilen, Kalli!"

„Im Gegenteil", sagte mein alter Schulfreund. „Ich war zwar mal kurze Zeit in der Technik-Redaktion, hatte aber nie die Gelegenheit, mich mit dem Kino näher zu beschäftigen. Du wirst also in mir einen interessierten Zuhörer haben." „Wenn es so ist, dann will ich dir gerne einiges erzählen. Ich glaube allerdings, unsere Zeit wird heute nicht ausreichen.

Nach dem Krieg hatte sich in der damaligen DDR, der Industriezweig Filmbearbeitung mit der Ausbildung zum Filmkopierfacharbeiter etabliert. Bei euch im Westteil nannte man ihn anfangs Filmkopienfertiger, später dann Film- und Videolaborant. Während der Lehrzeit lernte man alle Maschinen kennen und bedienen, um sich später dann für einen geeigneten Arbeitsplatz zu entscheiden. Auch eine fotografische Grundausbildung gehörte dazu. Fotografieren mit großformatigen Plattenkameras, bei denen man anstelle eines Verschlusses den Objektivdeckel kreisend abnehmen und nach einigen Sekunden wieder aufstecken musste, über die Mittelformat-Fotografie mit einer *Meister Korelle,* bis zur Fotografie mit der Kleinbildkamera *Praktica* gehörte dazu, ebenso das eigenständige Ansetzen der Chemikalien, die Filmentwicklung und das Vergrößern der selbst aufgenommenen Bilder in der Dunkelkammer. Aber, bevor wir den Weg des Films vom Drehort bis zum Kino verfolgen, lass uns von den notwendigen Maschinen sprechen", schlug ich vor.

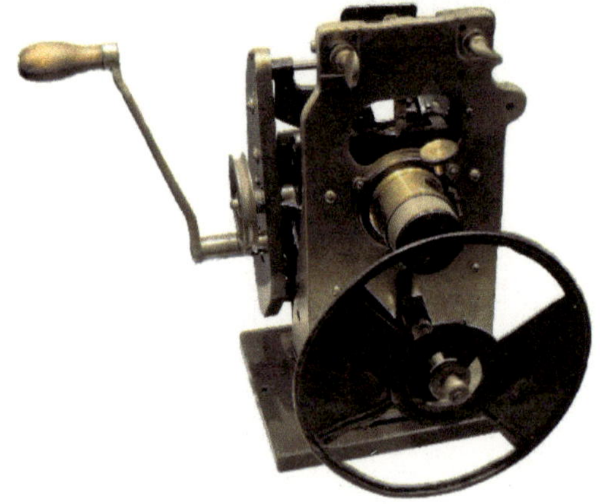

Das Licht der Welt erblickte das Kino, wie konnte es anders sein, in Jahrmarktsbuden und Zirkuszelten. Mit ihrer sicheren Menschenkenntnis ahnten die Schaubudenbesitzer, welche Wirkung das „lebende Bild" auf den Besucher haben würde. Man brauchte keine teuren und oft streitlustigen Artisten einzustellen, einzig die Anschaffung der notwendigen Geräte war ein Problem. So begann in den Jahren 1896/97 unter den Schaustellern eine fieberhafte Jagd nach Aufnahme- und Vorführapparaten. Das *Bioscop* der Gebrüder Skladanowsky kostete seinerzeit 7500 Mark und war für eine Serienfertigung ungeeignet. Oskar Messter, der Erfinder des Malteserkreuzgetriebes, begann erst im Juli 1896 mit dem Verkauf seiner Projektoren und konnte sich bald vor Nachfragen nicht retten. Ähnlich ging es auch Robert W. Paul in London. Lumière in Paris hielten ihren Cinematograph zunächst überhaupt geheim und verkauften kein Stück.

Die zur Jahrhundertwende erhältlichen Vorführgeräte kosteten zusammen mit ein paar Filmstreifen 1500 bis 2000 Mark. Hergestellt wurden sie in Frankreich von Lumière, Pathé, Frères, Léon, Gaumont und Demeny. Aus England kamen die Geräte von: Robert W. Paul, Cricks, Sharp, Birt Acres sowie Urban Trading & Co. Deutschland war vertreten durch: Oskar Messter, Duskes, Buderus, Ed. Liesegang, Nitschke und Bartling. Ich versuche mir vorzustellen, wie meine Urgroßeltern ihren ersten Kinobesuch schildern würden.

Auf der Festwiese in Berlin Schönholz herrscht reges Leben. Es ist ein Sonntag bei strahlendem Sonnenschein und wir sehen um uns herum fröhliches, ausgelassenes Treiben. Männer mit Gehrock und Melone, Frauen mit weiten bodenlangen Röcken und weißen Blusen, dazu riesige Hüte, oder einen Sonnenschirm tragend, Kinder in Matrosenanzügen. Alle haben wir ein Ziel, das Zelt, auf dem an einem hölzernen Vorbau in großen Buchstaben Kinematograph steht. Am Eingang herrscht großes Gedränge. Wir bezahlen 20 Pfennig, treten ein und sollen gleich das Wunder des bewegten Bildes erleben. In der Mitte des Zeltes steht der Projektionsapparat, circa 10 Meter von der Leinwand entfernt auf einem Tisch. Er ist völlig ohne verkleidendes Gehäuse und seine Zahnrollen glänzen messingfarben. Auf der Achse der unteren Zahnrolle steckt eine Handkurbel. Saalbeleuchtung und Projektorlampe werden durch Schläuche mit Gas betrieben, welches aus Gummisäcken kommt, die zwischen zwei Brettern mit Gewichten gepresst werden, um den nötigen Druck zu erzeugen. Dem unmittelbar unter einer der Saallampen, sitzenden Zuschauer kommt die Aufgabe zu, auf den Ruf: „Licht" des Vorführers, an einer Schnur der Lampe zu ziehen. Alle haben jetzt ihre Plätze eingenommen. Ein Mitarbeiter sprüht mit einer Spritzflasche Wasser auf die Leinwand, es soll dem Bild zu mehr Schärfe verhelfen. Als das Stimmengemurmel langsam abebbt, wendet sich der Schausteller, der bis eben mit den Vorbereitungen beschäftigt war, zu uns, um uns auf das einmalige Ereignis einzustimmen, welches wir jetzt erleben werden. Er ist ein schlanker Mann von circa 40 Jahren mit einem Mittelscheitel im pomadisierten Haar und einem nach oben gezwirbelten Schnauzbart. Fliege und Lederweste runden sein Outfit ab. Während er mit dramatischen Worten die Handlung auf der Leinwand kommentiert, wird unter lautem Rattern ein Filmstreifen durch den Apparat gezogen und unten am Tisch in einem Korb aufgefangen. Wir sehen unter anderem Landschaftsaufnahmen, Löwen in freier Wildbahn, galoppierende Pferde und als krönenden Abschluss eine Lokomotive, die direkt auf uns Zuschauer zurast. Viele springen von ihren Stühlen auf, Frauen kreischen, dann ist es auch schon zu Ende und benommen taumeln wir hinaus in den Sonnenschein, in dem Bewusstsein, soeben etwas noch nie da gewesenes miterlebt zu haben.

Das industrielle Zeitalter war angebrochen und nun ging es Schlag auf Schlag. Es kamen erklärende Zwischentitel, große Kinoorgeln lösten Klaviere ab und der *Edison Phonograph* wurde zur musikalischen Untermalung eingesetzt - anfangs mit Schläuchen verbunden, die sich die Zuschauer in die Ohren stecken mussten, später mit großen Schalltrichtern. Elektrisches Licht löste die nicht ungefährliche Gasbeleuchtung ab, die wiederum davor das Petroleumlicht ersetzt hatte. Kinos schossen wie Pilze aus dem Boden und die kleinsten Häuser hatten die pompösesten Namen.
Nun schien die Zeit reif zu sein für abendfüllende Filme und damit verbunden der Wunsch nach neuen Geräten.

„Der Eindruck einer fließenden Bewegung entsteht in unserem Gehirn nur durch die Trägheit unseres Auges, habe ich mal gelernt", sagte Kalli.
„Richtig! Genau genommen ist es eine Fehlinterpretation unseres Gehirns. Man spricht in diesem Zusammenhang von der sogenannten Verschmelzungsfrequenz, sie liegt bei mindestens 12 Serienbildern, die am Auge pro Sekunde vorbeigeführt werden müssen. Zur Zeit des Stummfilms waren 16 Bilder pro Sekunde die gängige Bildfrequenz. Später, als der Film eine Tonspur bekam, einigte man sich beim 35-mm-Format weltweit auf 24 Bilder pro Sekunde."
„Die ersten Filme haben doch noch sehr geflimmert", meinte Kalli. „Deshalb galt es noch einen anderen Umstand zu berücksichtigen", sagte ich. „Die Flimmerfrequenzgrenze des Auges liegt bei ca. 48 Lichtwechseln. Es kam nun darauf an, aus den 24 Bildern pro Sekunde 48 Lichtwechsel zu machen. Somit wären wir schon bei der ersten Maschine und dem ersten Namen, der Filmprojektor und Alexander Ernemann."

„Wäre es nicht richtiger, mit einer Filmkamera zu beginnen?", gab mein Freund zu bedenken. „Du hast nicht ganz unrecht", meinte ich. „Zumal die ersten Geräte oftmals Kamera und Projektor in einem waren."
„Und es waren meist edle Holzkisten", ergänzte Kalli lächelnd.
„Das war kein Wunder", sagte ich. „Bevor sich die Filmindustrie entwickelte, kamen die Leute aus allen möglichen Berufen und bis zuletzt gab es in der Branche viele ambitionierte Seiteneinsteiger. Das Wort *Kino* wurde übrigens erstmals im Zusammenhang mit der Filmkamera *Ernemann-Kino* verwendet. Aber lass uns ruhig mit dem Filmprojektor beginnen, denn er bringt den Film zum Leben."

1. Kapitel Der Filmprojektor

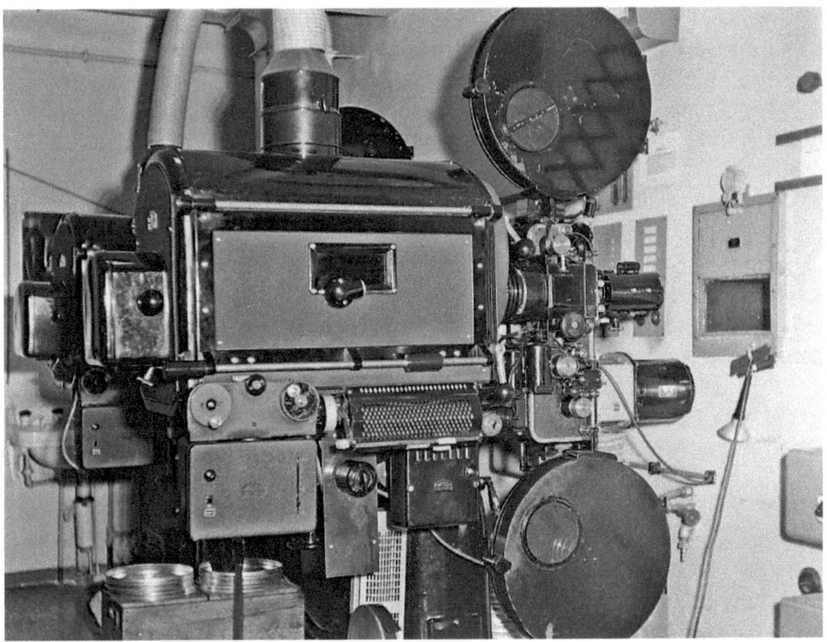

„Frühes Kommen sichert gute Plätze!" (Aber nur im Kino)
Kalenderspruch

„Um ein Filmbild über eine große Entfernung zu projizieren, benötigte man zunächst eine kräftige Lichtquelle. Die derzeit übliche Glühbirne war dafür zu schwach und wurde meist nur für Wanderkinos in Kofferprojektoren eingesetzt. In den ersten leistungsfähigen Filmprojektoren wurden deshalb sogenannte Kohlebogenlampen eingebaut. Diese beruhten auf dem Effekt eines Lichtbogens, der entsteht, wenn man zwei unter Gleichspannung und hoher Stromstärke stehende Kohlestäbe kurzschließt und sofort auseinanderzieht. Der dickere der beiden Stäbe, der Pluspol, war im Projektor nach hinten auf einen großen Hohlspiegel gerichtet, der wiederum den hell leuchtenden Krater des Stabes nach vorn, durch einen sogenannten Wabenkondensor, auf das Bildfenster lenkte. Man verwendete in kleinen Kinos die leicht gelblich leuchtende Reinkohle und in großen Sälen die kupferummantelte, weiß leuchtende Beckkohle. Ihre Lichtleistung war so enorm, dass selbst große Autokinos, wie sie schon bald in Amerika üblich wurden, damit ausgeleuchtet werden konnten."
„Brannten die Kohlestäbe nicht im Laufe der Zeit ab und war das nicht enorm

heiß?", fragte mein Freund Kalli.

„Diese Probleme löste man im ersten Fall durch einen Nachschubmotor und im zweiten Fall durch eine Wasserkühlung am Bildfenster, denn die Wärmeentwicklung war wirklich enorm, zumal das damals übliche Filmmaterial auf Basis Nitrocellulose leicht entzündlich war", erklärte ich.

„Die Kohlenachschubmotoren waren leider oft nicht sehr präzise und wenn der Filmvorführer nicht aufpasste, riss der Lichtbogen ab und die Zuschauer saßen im Dunkeln. Zur Überwachung des Lichtbogens wurde das Bild des Kraters ausgespiegelt und auf eine Markierung an der Kabinenwand projiziert. Man hatte so einen Anhaltspunkt für die Lampenhelligkeit und den Elektrodenabstand. Alexander Ernemann war Maschineningenieur und konstruierte in der Firma seines Vaters Heinrich in Dresden 1909 den ersten alltagstauglichen, aus Stahl und Eisen konstruierten Projektor *Imperator*. Alexanders Vater, der ursprünglich Kurzwarenhändler war, erkannte schon 1889 die Zeichen der Zeit und beteiligte sich an einer Kameratischlerei für die aufkommende Fotografie. 1898 betrieb er bereits eine Fabrik mit eigener optischer Werkstatt. Er erkannte rechtzeitig die Bedeutung der aufkommenden Kinematographie und baute bereits 1903 seine erste Filmkamera *Kino 1*. Da das Filmmaterial noch nicht genormt war, benutzte er 17,5 mm breiten Film mit Mittelperforation auf dem Bildstrich. Als Sohn Alexander, nach Studium und mehrjährigem USA-Aufenthalt die kinotechnische Abteilung der väterlichen Firma übernahm, erkannte er sofort die zukünftige Bedeutung stabiler Metallkonstruktionen. Auf Grund der robusten Bauweise seines *Imperators* nannte man von nun an diese Projektoren Kino-Maschinen. Im Jahr zuvor brachten Heinrich und Alexander ihre erste 35-mm-Kamera *Ernemann Modell A* auf den Markt. 1923, nach vielen Weiterentwicklungen im Kamera- und Projektorbau, beschäftigte ihre Firma bereits 3500 Mitarbeiter. 1926 ging die Firma in der Zeiss Ikon AG auf, in der Alexander einer der Direktoren wurde. Die 1934 auf den Markt gekommene *Ernemann VII*, und als Tonfilm-Kinomaschine in der Variante *VIIb* bis 1951 gebaut, war wegen ihrer Zuverlässigkeit und Ästhetik sehr beliebt und wurde lange Zeit in Kinos und Filmbetrieben verwendet. In meiner ersten Firma waren 17 dieser Projektoren im Einsatz, bis man später einige durch moderne Prüftische der italienischen Firma *Prevost* ersetzte. Unsere älteren Mitarbeiter in den Vorführungen waren meist vor dem Krieg schon Filmvorführer im Kino und haben an diesen Maschinen noch gearbeitet."

„Wie genau entsteht denn nun eigentlich das bewegte Bild auf der Leinwand?", wollte mein Freund wissen. „Weißt du", sagte ich, „es kam zunächst darauf an, die Filmrolle auf ihrem Weg durch die Maschine schonend von der oberen Abwickeltrommel in die untere Aufwickeltrommel zu befördern, sie dabei auf halbem Wege am Bildfenster in eine intermittierende Bewegung zu überführen, um sie gleich darauf an der Stelle der Tonabtastung wieder im Gleichlauf zu beruhigen. Die schrittweise Bewegung des Filmes am Bildfenster wurde durch ein sogenanntes Schaltwerk ermöglicht. Bekannte Formen sind zum Beispiel das Greifer Schaltwerk und das Malteserkreuzgetriebe. Letzteres ist robust, filmschonend und wurde wegen seiner Wartungsarmut hauptsächlich in 35-mm-Projektoren eingebaut. Die erwähnte *E VII b* zum Beispiel hatte einen geschlossenen Getriebeblock, in dem eine Ölpumpe das Schmieröl im Kreislauf auf alle drehenden Wellen beförderte, wobei es ständig gefiltert wurde. Nach ca. 300 Betriebsstunden machte man dann einen kompletten Ölwechsel.

Da der 35-mm-Film mit 4 Löchern pro Bild perforiert ist, bekam die unterhalb des Bildfensters angebrachte Zahnrolle 16 Zähne. Angetrieben vom Malteserkreuz, schaltete sie den Film jeweils mit einer Viertelumdrehung um ein Bild weiter. Man nannte diese Zahnrolle auch Schaltrolle. Da der Zuschauer auf der Leinwand nur das jeweils stehende Filmbild sehen sollte, musste man die Transportphase von einem zum nächsten Bild abdecken. Dies erreichte man mit einem rotierenden Flügel-Verschluss, auch Umlaufblende genannt, beim *Imperator* noch vor dem Objektiv, später dann, in Form einer Trommel- oder Kegelblende, eingebaut zwischen Lampenhaus und Bildfenster. Dieser Verschluss hatte neben der Abdeckung des Filmtransports noch eine zweite Aufgabe. Du erinnerst dich an die Flimmerfrequenzgrenze? Man sorgte dafür, dass die Umlaufblende das stehende Bild noch einmal zusätzlich abdeckte, wodurch sich eine Verdoppelung der Hell- /Dunkelphasen, also eine Frequenz von 48 Lichtwechseln ergab." „Soweit komme ich mit, Thomas", sagte Kalli. „Aber du sprachst von der Tonabtastung, war das eine Magnettonspur auf dem Film?"

„Die Magnettonspur gab es ab den 1950er Jahren, beim 35-mm-Film nur eine kurze Zwischenzeit", sagte ich. „Obwohl damals die Qualität des Magnettons deutlich besser als die des Lichttons war, sprach vieles dagegen. Unabhängig davon, dass die Projektoren mit Magnettonteilen nachgerüstet werden mussten, die, zwischen oberer Filmtrommel und Laufwerk eingebaut, die Höhe der Maschine veränderten, was für kleine Vorführer problematisch war, waren die Filmrollen anfällig gegen unbeabsichtigtes Löschen durch Magnetfelder. Für das Kopierwerk bedeutete der Magnetton einen enormen Mehraufwand, da auf jede einzelne Filmrolle der entsprechende Ton aufgespielt und geprüft werden musste. Auch konnte die Magnetitschicht im Laufe der Zeit brüchig werden. Für das Filmpositiv ergab sich die Notwendigkeit eine sogenannte Kleinlochperforation herzustellen, denn man benötigte Platz für mehrkanalige Magnettonspuren. Die Lichttonspur war dagegen, wie das Bild, eine fotografische Aufzeichnung zwischen Filmbild und Perforation und wurde mit einem optischen System aus Tonlampe, Optik und Fotozelle unterhalb des Bildfensters abgetastet. Konstruktionsbedingt ergab sich ein Bild,- /Tonabstand von 20 Feldern beim 35-mm-Film.

Bild und Ton waren sozusagen eine organische Einheit und wurden in der Regel auch in einem Durchgang von gesonderten Negativen, dem Bild- und dem Tonnegativ, auf den Kino-Positivfilm kopiert. Von der besonderen Schwierigkeit der Lichttonbearbeitung beim Farbfilm erzähle ich dir später, wenn wir über Kopier- und Entwicklungsmaschinen sprechen. Nun zurück zum Projektor. Ab 1937 galt in Deutschland die schon erwähnte Zellhornvorschrift. Filmtheater und Filmbetriebe mussten auf Grund der leichten Entzündlichkeit des Nitrofilms spezielle Sicherheitsvorrichtungen einbauen. In den Projektionsräumen wurden Überdruckfenster eingesetzt und Stahltüren sowie Sprinkleranlagen waren, wie schon gesagt, Vorschrift. Eine mit einer kleinen Nitrofilmschleife versehene Schaltvorrichtung in der Nähe des Bildfensters am Projektor sorgte im Falle eines Filmbrandes, bei dem diese Schleife als erstes mit durchbrannte, für ein automatisches Verschließen der Kabinenfenster zum Zuschauerraum. Die Filmtrommeln, von denen ich anfangs sprach, waren zu dieser Zeit auf 600 m Film begrenzt und hatten ein Draht-Gazefenster, um im Brandfall dem Film Sauerstoff zuzuführen und ein explosionsartiges Verbrennen zu verhindern. Selbst die Anzahl der Maschen war vorgeschrieben, 59 bis 64 pro Quadratzentimeter. In den ersten Jahren wurden auf dem Hof unserer Firma unter Leitung der Feuerwehr regelmäßig Brandschutzübungen durchgeführt, wobei sich die ganze Belegschaft versammelte und man uns vorführte, wie rasend schnell eine Rolle Nitrofilm abbrennt."
„Das klingt alles nicht ungefährlich", sagte mein Freund. „Spätere Filmmaterialien waren doch wesentlich sicherer, oder?"
„Genau", sagte ich. „Deshalb nannte man sie auch Sicherheitsfilme. In den USA brachte man bereits 1923 den ersten auf Acetat-Basis hergestellten Film heraus. Für das 16-mm-Format verwendete man ihn ausschließlich. Da er jedoch nicht so strapazierfähig war, nutzte man für 35-mm-Filme noch lange Nitrocellulose. Während eine Rolle Nitrofilm ca. 600 Durchläufe aushielt, war Sicherheitsfilm meist nach 300 Durchläufen verschlissen. Die europaweite Einführung des Acetatfilms begann 1952. Wenn du etwas aus der Anfangszeit erfahren willst, schau dir mal den Film *Cinema Paradiso* an, in dem es um einen Regisseur und seine Kindheitserinnerungen an einen Filmvorführer geht. Er ist, genau wie der Film *Die amerikanische Nacht* von Francois Truffaut, ein Muss für jeden Kinoliebhaber.
Mit der Einführung des Sicherheitsfilms konnten natürlich etliche Brandschutzmaßnahmen gelockert werden. Längst hatte inzwischen die Xenonlampe Einzug ins Lampenhaus gehalten und der Film lief auf einer offenen Spule. 2007 schloss die Entwicklung mit der *Ernemann 18*.
Natürlich gab es noch andere Hersteller von Kino-Maschinen. Sehr beliebt waren in Deutschland z.B. auch die Marken *Bauer*, *Askania* und *Philips*. In letztgenannter Firma baute zum Beispiel der Konstrukteur Jan Jacob Kotte den

legendären Projektor *DP 70*, der für 70- und 35-mm-Film verwendet werden konnte."

„Ich habe mal als Kind in einen Vorführraum geblickt", meinte Kalli. „Es standen dort zwei Projektoren." „Ja", sagte ich. „Da seinerzeit die Filmtrommeln maximal 600 m Film aufnehmen konnten und diese Länge ca. 20 min Laufzeit entsprach, bestand ein Spielfilm von 90 min Länge aus 5 Rollen, sogenannten Koppelakten, die dann auf beide Maschinen verteilt wurden. Man blendete dann den Anfang des 2. Aktes in den Schluss des 1. Aktes über und so weiter. Für den Filmvorführer wurden am Aktende Achtungs- und Überblendungszeichen gestanzt, die ihm durch kurzes Aufblitzen das Starten der 2. Maschine und das Wechseln der Lichtwege signalisierte. Später wurden die Überblendungen automatisiert und ein Filmvorführer aus damaliger Zeit sagte mir, er war manchmal kurz vor einem Herzklappenfehler aus Angst, die Automatik könne mal wieder versagen. Die Projektoren konnten als Rechts- und Linksmaschinen gebaut werden, so dass der Filmvorführer dazwischenstehend beide bedienen konnte. 1969 zog eine kleine Revolution in die Filmtheater ein. *Philips, Kinoton* und Willi Burth, ein Kinobetreiber, brachten als Gemeinschaftsentwicklung ein horizontales Filmtellersystem auf den Markt. Das Besondere daran war, dass das komplette Filmprogramm durch ein sogenanntes No-Rewind-System nicht mehr zurückgespult werden musste."

„Du sprachst vorhin vom Lichtton", sagte Kalli nachdenklich. „Die Qualität ist sicher nichts mehr für heutige Ohren?"

„Die aus der ganz frühen Phase natürlich nicht, aber die Lichttonspur ist bis zum Schluss Bestandteil jeder Filmkopie geblieben. Allerdings wurde die analoge Tonspur im digitalen Zeitalter durch zusätzliche Spuren, wie SDDS an den Filmkanten, Dolby Digital zwischen den Perforationslöchern und eine DTS – Steuerspur für CD-Spieler zwischen Filmbild und Analogspur ergänzt. Je nach Ausstattung des Filmtheaters konnte auf die entsprechende Tonspur zugegriffen werden. Man begann anfangs mit einer Intensitätsschrift, dem sogenannten Sprossenton, bei der eine in der Helligkeit modulierte Glimmlampe für die analoge Schwärzung auf dem Film sorgte. Die deutsche Erfindergruppe *Tri Ergon* nutzte die inzwischen erfundene Verstärkerröhre und entwickelte unter anderem ein neuartiges Mikrofon, welches das bis dahin übliche Kohlemikrofon ablöste. Lautsprecher mit enormen Schalltrichtern und immer besseren Wirkungsgraden wurden in den Kinos installiert. Der erste Qualitätssprung war die Einführung der Amplitudenschrift mit Klartonblende. Besonders verbreitet war die *Eurocord-Doppelzacke* der Berliner Firma Klangfilm. 1976 dann hatte ich die Gelegenheit, zusammen mit einigen Technikern in der Vorführung das gerade eingeführte *Dolby-Verfahren* für den Lichtton zu hören. Das Erlebnis war ähnlich unvergesslich wie die Ablösung des Mittelwellen-Radios durch den UKW-Rundfunk. Eine unglaubliche Dynamik erfüllte den Raum und wir konnten unsere Begeisterung kaum in Worte fassen. Es war an dem Tag noch lange unser Gesprächsthema. Jetzt konnte man auch 2 Tonspuren für einen Stereoton unterbringen und der klassische Lichtton erlebte einen gewaltigen Qualitätsschub.

Bevor wir nun das Kapitel Filmprojektoren verlassen, sollte ich noch kurz Sonderformen erwähnen.

Dazu gehören transportable Anlagen, die sogenannten Kofferprojektoren. Sie bestanden, wie die bekannte *TK 35,* aus 2 Projektoren, Verstärker, Schaltgerät, Leinwand, Filmtrommeln, Lampenhäusern, Objektiven und diversen Ersatzteilen. Für das Filmformat *Vista Vision*, welches das Filmbild längs zur Filmlaufrichtung aufzeichnete, mussten eigens Projektoren mit horizontalem Filmlauf am Bildfenster konstruiert werden. Dann gab es den sogenannten *Mechau-Projektor*, der den Film ohne Schaltwerk kontinuierlich transportierte und den Ausgleich mit einem raffiniert ausgeklügelten Spiegelsystem erledigte. *Philips* baute den *FP 20*, der mit einer Impulslampe ausgerüstet werden konnte und dadurch auf eine Umlaufblende verzichtete. Schließlich noch der erwähnte *DP 70* sowie als Höhepunkt der analogen Projektionstechnik die für das *IMEX*-Verfahren entwickelten hoch präzisen Maschinen.

Ich denke, wir können nun zur Kamera kommen und zu den Namen Arnold und Richter."

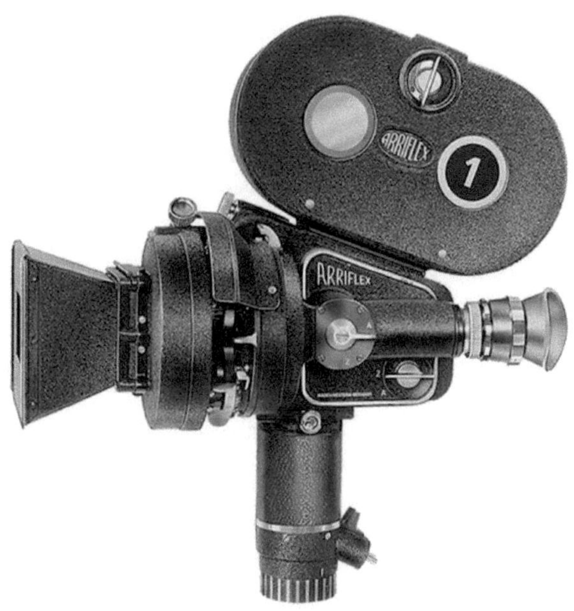

*„Erhält doch jedes Werkzeug seine größte Vollendung dann, wenn es nicht zu
vielen Verrichtungen dient, sondern nur zu einer."*
Aristoteles (384–322 v. Chr.)

„Wenn ich dir jetzt etwas über Filmkameras erzähle, werde ich die ganz frühen
Holzkisten mit der Handkurbel überspringen und beginne bei den Ganzmetall-
Kameras mit so berühmten Namen wie *Bell & Howell, Mitchell, Debrie und Arri.*
Der 35-mm-Film mit einer Perforation von 4 Löchern pro Bild, wie er von Edison
eingeführt wurde, hatte sich bereits als Normalfilmformat weltweit etabliert. Die
Firma Gaumont in Paris stellte 1910 ihre erste Ganzmetall Kamera vor und 1911
baute man in den USA bei *Bell & Howell* die erste 35-mm-Kamera aus
Aluminium. Bald ersetzte man die anfänglich noch eingebaute Handkurbel durch
einen Elektromotor. In vielen Chaplin-Filmen kam die *Bell & Howell* zum
Einsatz.
Von der *Mitchell Company* kam 1921 eine ebenfalls aus Metall gefertigte Kamera
auf den Markt, die erstmals eine Wechselkassette verwendete. Das von *Mitchell*
eingeführte *Rackover*-System, bei dem Grundplatte und Objektivträger eine
Einheit bildeten, an dem der Kamerakörper verschoben und der seitlich

angebrachte Sucher hinter das Objektiv platziert werden konnte, begeisterte die Kameraleute in den USA. Das Modell BNC wurde in der Tonfilm Ära zum Standard und löste wegen seiner Vorteile die bis dahin verwendeten *Bell & Howell*-Kameras ab. Das B in der Modellbezeichnung steht für Blimp und meint damit ein Schallschutzgehäuse.

Einen zweifelhaften Ruhm erlangte die *Mitchell* für ihren dokumentarischen Einsatz bei den Atombombentests in Los Alamos. Mit ihrer markanten Kassette prägt sie bis heute das Bild einer klassischen Filmkamera. Als in Amerika das *Vista-Vision-Verfahren* eingeführt wurde, baute man eine *Mitchell* mit seitlich angesetzten Kassetten auf Horizontallauf um und gab ihr prompt den Spitznamen *elephant ear.*

Lange Zeit waren in Deutschland *Debrie und Askania* die beliebtesten Kameramarken. Es waren robuste kastenförmige Geräte mit einem Einstellsucher an der Rückseite, durch den der Kameramann direkt auf den Film scharf stellen und den Ausschnitt festlegen konnte. Die Kameras waren sich sehr ähnlich, weil ein Konstrukteur beim anderen abschaute. Auch *Ernemann* folgte dem Trend mit seinem *Modell E*. Den schrittweisen Filmtransport realisierte man mit einem Greiferschaltwerk. Du erinnerst dich an den Umlaufverschluss beim Filmprojektor? Diese Einrichtung benötigte man natürlich auch in der Kamera, um die Transportphase des Films abzudecken. Man bezeichnete sie auch als Sektorenblende. Das Objektiv an der Vorderfront wurde von einem sogenannten Kompendium umrahmt und diente als Gegenlichtblende und Filteraufnahme."

„Wie funktionierte damals das Einstellen auf den Film?" fragte Kalli. „Meine Kleinbildfilme sahen beim Einlegen in die Kamera immer völlig undurchsichtig aus." „Weißt du", sagte ich, „die damaligen orthochromatischen Schwarzweißfilme besaßen noch keine Rückschicht. Trotzdem war das Einstellen auf diese Hilfsmattscheibe schwierig, weshalb manche Kameraleute beim Drehen eine Sonnenbrille trugen, um sich schneller an das dunkle Bild zu gewöhnen. Mit Einführung des Farbfilms war es dann damit auch vorbei, man benutzte einen separaten Sucher und stellte nach wie vor mit dem Bandmaß scharf. Der angesetzte Sucher war natürlich nicht parallaxefrei, das heißt im Nahbereich gab er nicht korrekt den Bildausschnitt wieder, den die Kamera aufnahm.

Jetzt schlug die Stunde für eine Kamera, die für die Filmaufnahme revolutionär wurde. Zwei Maschinenbauingenieure, August Arnold und Robert Richter aus München, gründeten 1917 die Firma Arnold und Richter. Beide hatten sich schon frühzeitig mit Verbesserungen an vorhandenen Geräten beschäftigt. Robert Richter war während des ersten Weltkriegs in den USA und arbeitete dort an der Konstruktion einer Filmentwicklungsmaschine mit. Nach dem Krieg bauten sie ihre erste Kopiermaschine. Die für den Amateurmarkt gebaute *Kinearri* Kamera war noch unspektakulär, bis Erich Kästner, Konstrukteur bei *ARRI*, der große

Wurf gelang. Er entwickelte 1936 die erste Spiegelreflex-Filmkamera der Welt. Unter dem Namen *Arriflex* sollte sie weltberühmt werden. Der Grundgedanke war zunächst genial einfach. Wenn man die Sektorenblende schräg um 45 Grad zum Objektiv einbaut, konnte man durch Verspiegelung einer Seite der Blende einen Teil des Lichtes auf ein Suchersystem lenken. Als man erkannte, dass thermische Probleme sich nur mit Glas als Werkstoff für die Blende beseitigen ließen, blieb es bei der Ausführung aus Pressglas in allen 35-mm-Modellreihen. Das Greifersystem war einfach und robust. Auch wenn Atelierkameras zu der Zeit schon Sperrgreifer zur Erzielung eines guten Bildstandes verwendeten, verzichtete man anfangs bei der 35-mm-*ARRI* darauf und baute ihn erst 1978 in die *Arriflex 35 III* ein. Ständig weiterentwickelt, wurde sie ein robustes Arbeitspferd. Ihre Alltagstauglichkeit musste die handliche 35-mm-*Arriflex* schon frühzeitig im 2. Weltkrieg beweisen. Frontkameraleute schätzten ihre Zuverlässigkeit und in Amerika baute man sie kurzzeitig als *Cineflex* nach. 1965 dann war das Geburtsjahr der *Arriflex 16 BL*. Das Besondere an dieser 16-mm-Kamera war ihr extrem geringes Betriebsgeräusch. Während man bisher Kameras für synchrone Tonaufnahmen in ein Schallschutzgehäuse, einen sogenannten Blimp, stecken musste, war dies nun nicht mehr notwendig. Der Trick des schallisolierten Gehäuses war, dass alle wichtigen Bedienelemente während der Aufnahme ausgekuppelt waren und Objektiveinstellungen mit Hilfe von Gummielementen übertragen wurden.
Ihr letztes großes Arbeitsgebiet hatte die *ARRI* zu analogen Zeiten als S-16-mm-Kamera in der Fernsehproduktion. Viele Kameraleute waren regelrecht verliebt in ihre ‚Mühle‘ ". „Wurden Fernsehfilme nicht mit Videokameras gedreht?", fragte Kalli erstaunt. „In Deutschland zum Glück nur wenige", sagte ich. „Die gebräuchlichste Kamera im TV-Bereich war damals die 1986 von *SONY* eingeführte *Betacam sp*, die später durch die *Digibeta* abgelöst wurde. Sie lieferte das übliche PAL-Signal mit 625 Zeilen. Für aktuelle Berichte und Dokumentationen ausreichend, genügte die Bildqualität für Fernsehfilme jedoch nicht den Anforderungen der Studios. 16mm-Negativ-Film im Format Super 16 war die Ausgangsbasis für Fernsehproduktionen. Damit gelang problemlos der Übergang ins HD-Zeitalter. Zu verdanken haben wir dieses Format übrigens dem Schweden Rune Ericson, der nach einer preiswerten Lösung suchte, ein 16mm-Amateurfilm-Breitwandformat auf 35-mm-Kinoformat aufzublasen.
Anfangs noch zögerlich, gelang *ARRI* schließlich 1992 der große Wurf mit der *Arriflex 16 SR III*.
Sie wurde die Basis für TV-Produktionen bis zum Ende der Filmära. Kameratechnisch hat *ARRI* den Sprung ins digitale Kino- Zeitalter mit der Entwicklung der *Alexa* gemeistert. Hochauflösend macht sie Bilder auf Speicherkarten in gewohnter filmischer Qualität. Um sich von dem abwertenden Begriff Videokamera zu lösen, nannte man Kameras dieses Typs, zu dem auch

Konkurrent *RED* gehört, von da an Digitale Filmkamera. Aber die Videotechnik mit der Filmabtastung soll am Schluss unseres Streifzuges stehen."

„Die Kamera scheint dich ja zu begeistern", sagte Kalli, „war sie die einzige Spiegelreflex?"

„Wenn du mal Fotos von der *Arriflex 35 IIC* siehst, kannst du ihre zeitlose Ästhetik bewundern", sagte ich. „Eine ebenfalls nach dem Spiegelreflex- Prinzip arbeitende Kamera war die *M.C.S.-70 Field Camera* von Jan W. Jacobsen, eine großartige Leistung im Kamerabau, für das 65-mm- Aufnahmeformat. In den USA baute man in den fünfziger Jahren die 16-mm-Kamera *Auricon,* bei der man einen teildurchlässigen Spiegel benutzte. Sie konnte gleichzeitig einen Ton aufzeichnen. Es gäbe noch vieles zu dem Thema zu sagen, zum Beispiel wie man mit Schallschutzgehäusen, sogenannten Blimps, das Rattern der Kamera dämpfte oder eine gleichzeitige Tonaufnahme mit der *Arricord* realisierte. Auch für das 65-mm-Format baute man eine Kamera, die *Arriflex 765.* Aber ich denke, an dieser Stelle verlassen wir den Bereich Kamera und begeben uns morgen in das Gebiet der Kopierwerkstechnik", sagte ich.

„Wenn du viel mit Kameraleuten sprechen konntest, gab es sicher auch lustige Geschichten?" fragte Kalli. „Ja", sagte ich. „Eine kann ich ja mal zwischenschieben. Es gab damals ein Studio, das Filme für die ärztliche Fortbildung drehte. Um eine hohe Qualität zu erzielen, verwendete man 35-mm-Farbfilm. Der Kameramann, ein sympathischer, drahtiger Fred-Astaire-Typ, kam eines Tages zu mir und sagte: ‚Heute müssen wir eine Gastroskopie lichtbestimmen!' Mit diesen Worten zog er seinen Lodenmantel aus und stellte eine in einer Packpapiertüte steckende Flasche auf das Pult des Color Analyzers. Mit der Bemerkung, es wäre nur Entwickler, begann der Tag schon mal humorvoll.

In der Klinik, für die gedreht wurde, sollten die ersten flexiblen Endoskope eingeführt werden und man musste sich entscheiden zwischen einem Instrument von *Olympus* und einer amerikanischen Marke, an das jeweils eine Kamera angeflanscht werden konnte. Nachdem wir mit der Lichtbestimmung fertig waren, erzählte mir der Kameramann folgende Geschichte. Nach dem Krieg gab es die Anforderung an ihn, endoskopische Aufnahmen vom Mageninneren anzufertigen. Da es zu der Zeit nur starre Instrumente, also Rohre mit einem Spiegelsystem gab, war kaum ein Patient dazu zu bewegen ein solches mit nach hinten gestrecktem Kopf zu schlucken. Die Verletzungsgefahr war auch nicht zu unterschätzen. Da kam die Kreativität, die alle guten Kameraleute auszeichnet, zum Vorschein, denn er erinnerte sich an einen Wanderzirkus, der am Anhalter Bahnhof gastierte und sicher auch Degenschlucker haben musste. Gesagt getan, der Artist versprach am folgenden Tag zu erscheinen. Der Rest ist schnell erzählt. Der Degenschlucker ließ sich das Endoskop geben, schluckte es ohne Probleme zur Probe und die Filmaufnahmen wurden erfolgreich gemacht."

Kalli lachte. „Das gefällt mir, ich hoffe, du hast noch mehr solcher Geschichten auf Lager." „Einige kommen da schon zusammen", sagte ich grinsend. „Die Marke Olympus hatte sich damals übrigens durchgesetzt und wird, wie ich hörte, bis heute verwendet. Aber wir sollten langsam gehen, morgen ist auch noch ein Tag. Ich schlage vor, wir treffen uns morgen im *Blue Label* im Friedrichshain." „Das klingt gut", sagte mein alter Schulfreund, während er seine Brieftasche zückte. Nachdem wir unsere Rechnung bezahlt hatten, traten wir auf die Straße. Die Sonne war bereits untergegangen und die blaue Stunde angebrochen. Über unseren Köpfen fuhr eine Hochbahn in den Bahnhof ein und der Feierabendverkehr war noch in vollem Gange.

„Weißt du, was eine Amerikanische Nacht ist?", fragte ich Kalli. „Nein", sagte er. „Du wirst es mir aber sicher gleich erklären." „Ich komme darauf", sagte ich, „weil das Licht auf der Straße gerade so stimmungsvoll ist. Amerikanische Nacht ist die alte Bezeichnung für eine Filmaufnahme, die am Tage mit Blaufilter und spezieller Belichtung gedreht wurde und eine Nacht vortäuschen sollte. Heute nennt man es *Day for Night* und benutzt es nur noch selten, da hochempfindliche Materialien problemlose Nachtaufnahmen möglich machen. Ich hatte mal ein persönliches Erlebnis mit *Day-for-Night*-Aufnahmen. Aber das fällt unter die Rubrik lustige Geschichten. Ich werde sie dir später erzählen."

„Gab es auch den umgekehrten Fall, Nachtaufnahmen als Tag zu verkaufen?", fragte Kalli, als wir bereits auf dem Bahnsteig standen. „Ja", sagte ich. „Aufnahmen, die, wie Kameraleute gern scherzhaft sagten, beim letzten Büchsenlicht gedreht wurden und meist dem Zeitdruck geschuldet waren. Sie auf Tag zu korrigieren war meist schwierig."

Nachdem wir uns verabschiedet hatten und unsere Züge in unterschiedliche Richtungen davonfuhren, dachte ich an unser letztes gemeinsames Schuljahr.

Am nächsten Tag begann ich früh mein Fotoarchiv zu durchsuchen. Es mussten noch Bilder aus unserer Schulzeit existieren. Ich hatte damals ein Fotolabor im Keller meines Elternhauses eingerichtet und nach Unterrichtsschluss und auf Klassenfahrten viel fotografiert. Enttäuscht blickte ich auf die spärliche Ausbeute, denn ich hatte den Fehler begangen, nach dem Abziehen der Bilder, viele Negative wegzuwerfen. Ich steckte ein paar der vergilbten schwarzweiß Fotos, auf denen unsere Klasse zu sehen war, in meine Brieftasche und verließ mein Arbeitszimmer.

Auf dem Weg zu unserem Treffpunkt dachte ich an unser zufälliges Wiedersehen. Kalli kam aus bürgerlichen Verhältnissen. Er wohnte mit seinen Eltern und seiner Schwester in einem kleinen Reihenhaus im besseren Viertel unseres Berliner Vorortes. Seine Eltern hatten studiert und in ihrem Hause wurde viel musiziert und gelesen. Er gehörte zu den besten in unserer Klasse, sah schon als Schüler gut aus und war der Schwarm unserer Mädels. Während er in seiner Freizeit viel Sport trieb war ich in diverse Hobbys verstrickt, so dass wir zwar keine festen

Freunde wurden, uns aber irgendwie mochten. Ich musste ihn unbedingt fragen, wie seine letzten Schuljahre verlaufen waren.

Fast zeitgleich trafen wir am *Blue Label* ein und Kalli boxte mir lächelnd in die Rippen. „Schade, dass wir uns nicht schon früher mal begegnet sind."

Nachdem wir uns einen Platz am Fenster ausgesucht hatten, zog ich meine Fotos aus der Tasche. „Das ist leider alles, was ich von damals übrigbehalten habe", sagte ich und reichte ihm die Bilder.

„Immerhin etwas", meinte Kalli, lächelnd. „Ich habe nichts mehr aus der Zeit, wir hatten damals nur das Nötigste mitgenommen. Das Archivieren ist sicher auch ein Problem für die Filmindustrie, oder?" „Allerdings", sagte ich, „besonders was die alten Nitrofilme betrifft. Im Laufe der Zeit sinkt nämlich ihr Flammpunkt und stellt Filmarchive vor besondere Aufgaben. Im alten Filmarchiv, damals noch das Staatliche Filmarchiv, bekam jeder Film einen eigenen Stahlschrank und ich habe mal Fotos gesehen, wo eine Panzertür regelrecht rausgesprengt wurde, weil sich der Film entzündet hatte. Temperatur und Luftfeuchtigkeit müssen deshalb sehr genau überwacht werden. Im neuen Bundesfilmarchiv ist man von der Einzelkammer Lagerung wieder abgekommen. Bei einem Besuch hatte ich die Gelegenheit, dort ein Stück Originalfilm von Max Skladanowsky in den Händen zu halten. Als Perforation verwendete der damals Schusterösen. Max Skladanowsky gehörte mit seinem Bruder Emil, genau wie die Brüder Lumiere und Oskar Messter, zu den ganz frühen Pionieren – zu einer Zeit als die wenige Sekunden langen Filmstreifen nicht mehr als Jahrmarktsattraktionen waren. Es war ein tolles Erlebnis, so ein Zeitzeugnis in der Hand zu halten."

„Kann ich mir gut vorstellen", sagte Kalli. „Aber du wolltest heute vom Kopierwerk sprechen, Thomas."

„Stimmt", sagte ich. „Auf die Arbeit der Filmarchive werden wir aber noch zurückkommen müssen, denn ein besonderes Problem stellt auch heute die Sicherung der neuen digitalen Medien dar. Aber nun zum Kopierwerk und zunächst zum wichtigsten Gerät, der Kopiermaschine."

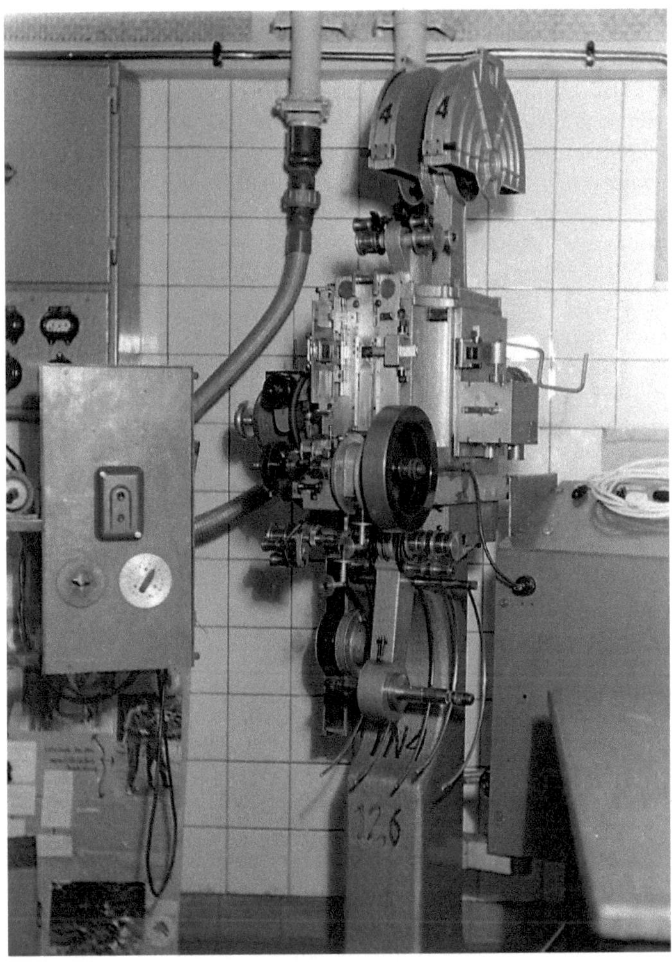

„Ich bin fest davon überzeugt, daß es für den Tonfilm einen Markt gibt. "
Thomas Alva Edison (1847–1931)

„Es gab viele namhafte Hersteller von Kopiermaschinen, darunter *Geyer*, *Arri*, *Debrie*, *Tumpach*, *Rademacher*, *Oxberry*, *Seiki*, *Bell & Howell und Seidenschnur*. Unter den Konstrukteuren von Kopiermaschinen hat ein Name in der Kopierwerksbranche einen besonderen Klang. In Ilmenau/Thüringen wird am 29. Februar 1880 Karl August Geyer geboren. Sein späterer Verdienst wird, neben der Konstruktion unzähliger Filmbearbeitungsmaschinen, die konsequente Trennung von technischen und künstlerischen Belangen sein. Zunächst besuchte er von 1893 bis 1896 die Großherzogliche Fachschule um dann ein Jahr lang als Volontär bei *Siemens und Halske* unter Professor Busse und Doktor Klatt zu arbeiten. Es folgen drei Semester als Privatassistent von Professor Nernst in Göttingen. Eine weitere Volontärzeit unter Professor Edelmann in München und die Ableistung des Militärdienstes münden schließlich 1901 in die Einstellung als Abteilungsleiter bei der *AEG* in Berlin.

1906 endlich kommt er mit der Filmbearbeitung in Berührung. Am 1. Februar übernimmt er die technische Leitung der *Deutschen Mutoskop und Biograph GmbH* in Berlin. Bis 1911 entstanden etliche Filmgeräte. Darunter Kopiermaschinen mit doppeltem Exzenter, eine Perforiermaschine und ein Projektor. Am 15. Juli 1911 gründet Karl Geyer die *Kino-Kopier-Gesellschaft mbH* in Berlin. Sie ist Deutschlands erstes selbstständiges Unternehmen, welches sich mit der gesamten Palette der Filmbearbeitung befasst.

1914 wechselt der Betrieb in die Harzer Straße 39 in Berlin Neukölln und nennt sich fortan *Karl Geyer Filmfabrik*. Es entsteht die erste halbautomatische Kopiermaschine mit einem Lichtschaltgerät, der 1919 die erste vollautomatische Maschine mit Lochkarte und Kontaktstöpseln folgt. 1922 schließlich trennt man sich bei der Positivfilmbearbeitung von der Rahmenentwicklung zu Gunsten einer Durchlaufentwicklungsmaschine. Ein Ausflug in den 16-mm-Kamerabau im Jahre 1925 wurde zum Flop. Die *Cine Geyer* konnte nicht mit der 30-m-Tageslichtspule von *KODAK* bestückt werden und blieb trotz Nachbesserung unverkäuflich. Nach diesem Fehlschlag beschloss man, künftig nur noch Maschinen zu bauen, die für die Filmfabrik benötigt werden.

1929 wurde in den Geyer Werken der erste große Tonfilm *Die Nacht gehört uns* von Carl Froelich kopiert. Gleichzeitig wurden die nun nötigen Synchron-Abziehtische gebaut.

Mit der 1935 gebauten *Rekord*-Kopiermaschine erreichte man eine Stundenleistung von 1200 m Film, wobei Bild und Ton in einem Arbeitsgang kopiert werden konnten. In den Kriegsjahren baute Geyer die transportable Entwicklungsmaschine *U 40*, die später auch im zivilen Bereich eingesetzt wurde. Das Kriegsende 1945 bedeutete für Geyer die Demontage sämtlicher Maschinen und Geräte unter Anleitung einer russischen Kommission. In Kisten verpackt ging die gesamte Technik nach Moskau. Geblieben war eine Belegschaft von 23 Mitarbeitern, 7 beschädigte Kopiermaschinen und 2 alte

Entwicklungsmaschinen. Da Neukölln ab Juli 1945 zum amerikanischen Sektor gehörte, erhielt Geyer schließlich im November desselben Jahres von der amerikanischen Militärregierung eine Produktionsgenehmigung. Man untertitelte und kopierte nun amerikanische Filme, die in den inzwischen wieder eröffneten Kinos gezeigt wurden. Die schlechte Wirtschaftslage führte jedoch schließlich am 1. Juli 1950 zur Einstellung des Berliner Betriebes. In Hamburg hatte *Geyer* bereits 1948 begonnen ein zweites Kopierwerk aufzubauen und im September verließ bereits die erste Filmkopie das Werk. 1954 konnte dann endlich auch das Berliner Werk mit 57 Beschäftigten seine Produktion wieder aufnehmen. Geschäftsführer für beide Werke waren Karl Geyer, seine Frau Frieda, sein zweiter Sohn Karl Herbert (der erste Sohn Walter kam im 2. Weltkrieg durch einen Tieffliegerangriff ums Leben) und Schwiegersohn Herbert Weissenberger.

Anfang 1980 entstand auf dem Berliner Gelände die Tochterfirma *Geyer Video*, die von nun an mit ihren, weitgehend filmunerfahrenen Fernsehtechnikern bis zum Schluss in freundlicher Hassliebe mit den Kopierwerkern verbunden blieb. Nach dem Fall der Mauer 1989 und der Schließung der ehemaligen DDR-Firmen, begann eine Wanderungsbewegung gut ausgebildeter Facharbeiter von Film und Fernsehen in Richtung Westen, von der auch die *Geyer Werke* profitierten.

„Schauen wir uns nun einmal die unterschiedlichen Konstruktionsmerkmale der Maschinen an."

„Kopiermaschinen unterteilt man in zwei Gruppen, in die sogenannten Schritt- und die Durchlaufkopiermaschinen und diese wiederum in Optische und Kontakt-Kopiermaschinen. Die Schrittkopiermaschine funktionierte ähnlich wie ein Projektor. Sie hatte ein Lampenhaus, in dem eine Umlaufblende den Lichtweg während des Filmtransports abdeckte, eine Filmbühne mit Bildfenster, an dem ein Greiferschaltwerk für den bildweisen Transport sorgte, sowie Ab- und Aufwicklungen für Bild-Negativ, Ton-Negativ und den Kopierfilm, den sogenannten Rohfilm. Filterschächte nahmen Lichtsteuerbänder und Vorfilter auf. Farb-Kopiermaschinen unterteilte man außerdem in additiv und subtraktiv arbeitende Systeme. Durchlaufkopiermaschinen ermöglichten hohe Geschwindigkeiten, da der Film nicht mehr ruckweise, sondern kontinuierlich an einem Schlitzfenster belichtet wurde. Sie konnten vorwärts und rückwärts laufen, so dass Bild- und Tonnegativ in der Maschine bleiben konnten und nur der Rohfilm ergänzt werden musste." „Was muss ich mir unter einem Lichtsteuerband vorstellen", unterbrach mich Kalli.

„Als Lichtsteuerband, oder nur kurz Lichtband genannt, bezeichnete man in der Anfangszeit einen perforierten Pappstreifen, in den Löcher unterschiedlicher Größe gestanzt wurden", sagte ich, „in der Schwarz-Weiß-Kopierung sorgte die Lochgröße für die richtige Belichtung der jeweiligen Szene.

Man stanzte bei jedem Szenenwechsel an den Perforationsrand des Negativs eine sogenannte Randkerbe. Ein Fühlhebel an der Kopiermaschine löste einen Schaltimpuls aus und transportierte das Lichtband um die entsprechende Blendenöffnung weiter."

„Ich verstehe", sagte Kalli. „Es ist das gleiche Prinzip, wie beim Fotoapparat, wo eine Blendenöffnung für die richtige Belichtung sorgt."

„Richtig", sagte ich. „Die Aufgabe des Lichtbestimmers war es nun, die Blendengröße anhand des Negativs zu bestimmen. Lichtbestimmung beruht auf Erfahrungswerten und ein Lichtbestimmer brauchte ca. zwei Jahre Einarbeitungszeit, bis er alle anfallenden Materialien sicher beherrschte. Während ein Schwarzweiß-Lichtbestimmer sagen konnte, diese Szene bekommt Licht 15, musste ein Farblichtbestimmer für die betreffende farbige Szene die Filterung festlegen; und zwar nicht nur die, die zur richtigen Belichtung führte, sondern auch die, die zu der vom Kameramann gewünschten Farbstimmung führte. Diese Spezialisierung war der Grund dafür, dass die Lichtbestimmer so etwas wie die heiligen Kühe in den Kopierwerken waren."

„Ich hätte noch eine Frage zur Handhabung der Negative", sagte Kalli. „Waren diese Randkerben nicht eine Schwachstelle?"

„Du hast völlig Recht", sagte ich. „Nicht nur jede Klebestelle am Szenenwechsel war ein Risiko für einen Filmriss, auch die Randkerbe war eine zusätzliche Schwachstelle. Deshalb verlegte man die Kerben zeitweise auch mal auf´s Ton-Negativ. Später ersetzte man die Randkerben durch Alufolie-Plättchen, die auf den Negativrand entweder geklebt oder geschweißt wurden. Ein entsprechender Sensor an der Kopiermaschine löste dann den Schaltvorgang aus. Die Folien lösten sich leider im Laufe der Zeit manchmal ab, was dann zur Fehlbelichtung, der sogenannten Fehlschaltung führte. Neuere Techniken arbeiteten berührungslos, gesteuert durch Zählwerke. Zu den fortschrittlichsten Maschinen zählten die Printer von *Bell & Howell*. Sie kamen in den USA Mitte der 1960er Jahre auf den Markt. Während bei den ersten, subtraktiven Kopiermaschinen die Farblicht-Steuerung durch Filterbänder mit Gelb-, Purpur-, Blaugrün- und Graufilter-Gelatine-Folien erfolgte, hatten diese eine additive Lichtsteuerung im Lampenhaus.

Wir bekamen diese Maschinen Anfang der siebziger Jahre, in Verbindung mit einem sogenannten Coloranalyzer. Diese von der Firma *Hazeltine* 1959 entwickelte Anlage tastete mit Hilfe einer Elektronenstrahlröhre das Negativ ab und wandelte es in ein positives Bild auf einem Monitor um. Mit Hilfe dreier Regler für die Farben Rot, Grün und Blau und einem Regler für die Dichte konnte die Farbbalance in genau definierten Schritten hergestellt werden.

Die dort ermittelten Werte wurden in einen Steuerstreifen gestanzt, der dann in der Kopiermaschine den Lichtweg regelte. Die *Bell & Howell* spaltete in ihrem additiven Block das Licht der Kopierlampe in die Grundfarben Rot, Grün und

Blau und dosierte dann mithilfe beweglicher Schleusen die passende Farbmischung. Die Lichtschleusen kann man sich als kleine Pendeltüren vorstellen, die je nach Öffnungswinkel die errechnete Lichtmenge durchließen. In der Praxis konnte daraus ein Problem entstehen, wenn zum Beispiel die Schleusen der verwendeten Maschinen untereinander nicht hundertprozentig übereinstimmten. Dann konnte ein auf Maschine A korrigierter Film beim Wechsel auf Maschine B plötzlich leichte Farbsprünge aufweisen. Faszinierend an den neuen Geräten waren für uns oft Kleinigkeiten. So hatten zum Beispiel die Anzeigeinstrumente an den Maschinen keine Lämpchen mehr, sie funktionierten jetzt mit Elektroluminiszenz. Das tägliche Einmessen der Maschinen erfolgte mit Graufiltern im Lichtweg und der Feinabgleich wurde vom Techniker durch leichtes Verschlieren der Kondensorlinse mit Nasenfett gemacht. Es sah immer sehr artistisch aus, wenn er mit einer Hand das Messgerät bediente und mit der anderen am Nasenrücken rieb.

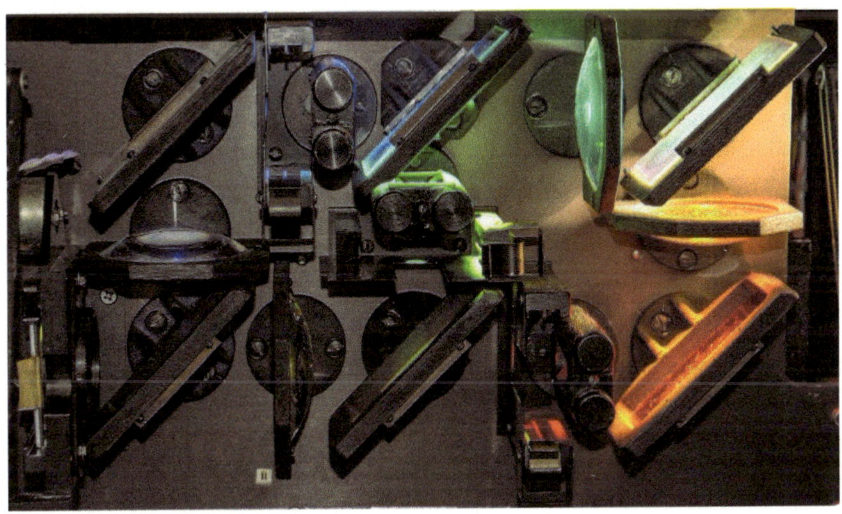

Im Kopierwerk änderte sich nun radikal die Arbeitsweise. Während der Lichtbestimmer bisher subtraktiv in Prozenten rechnete, musste er sich jetzt auf die Filterrechnung in Punkten, den sogenannten Printer Points, umstellen.
In regelmäßigen Abständen wurden die Maschinen auf den neuesten Stand gebracht. So lief die erste Generation noch mit Lochstreifen für die Lichtsteuerung, später wurden diese von Disketten abgelöst. An dieser Stelle kann ich dir ja mal von meiner Day-for-Night-Panne berichten. In den erwähnten siebziger Jahren korrigierte ich einen italienischen Abenteuerfilm. Entgegen der üblichen Praxis gab es für die erste Korrektur noch kein Ton-Negativ und ich sah also in einer stummen Kopie auf der Leinwand den Helden über eine Insel streifen.“
„Lass mich raten“, grinste Kalli. „Du hast eine Nacht zum Tag gemacht?“ „Du hast es erfasst“, sagte ich. „In der zweiten Korrektur-Kopie, die dann mit Ton lief, hörte ich plötzlich die typischen nächtlichen Geräusche. Die Vorarbeit des Kameramannes war vielleicht nicht eindeutig genug, jedenfalls hatte ich die Witzeleien der Kollegen auf meiner Seite und eine komplette Neukorrektur der betreffenden Szenen vor mir.“
„Gab es für ausländische Filme keine Hinweise für die Farbgestaltung?“, staunte Kalli. „Manchmal bekam man eine sogenannte Angleichkopie, aber oftmals fehlten jegliche Hinweise, so dass Filme in unterschiedlichen Ländern von dem dort üblichen Geschmack und dem des Lichtbestimmers abhingen. Denn ein japanischer Kameramann, zum Beispiel, kam kaum nach Deutschland zur Korrektur seines Werkes.“
„War eigentlich für Kopiermaschinen *Bell & Howell* der Marktführer?“, wollte Kalli wissen.
„Nun, sie waren schon weltweit sehr beliebt, auch die Firma *Debrie* aus Frankreich baute gute Kopiermaschinen.“, sagte ich. „Aber auch ältere Schätzchen, wie die *Optima 2B* von *Geyer* oder die Maschinen der Berliner Firma *Seidenschnur* waren noch lange in Kopierwerken im Einsatz. Eine Besonderheit unter den Schritt-Kopiermaschinen, waren jene, die nach dem Prinzip der optischen Bank aufgebaut waren. Sie wurden speziell für Trickeffekte verwendet und konnten durch ihr modulares Konzept, den unterschiedlichsten Bedingungen angepasst werden. Die bekanntesten Vertreter ihrer Zunft waren die Printer von *Oxberry* und *Seiki.* Bei der *Oxberry* befanden sich auf einem Schienen-System links auf der Maschine zwei Projektor-Module und auf der rechten Seite ein Kamera-Modul von Mitchell. Mit Hilfe eines teildurchlässigen Spiegels konnte man nun zum Beispiel zwei Szenen miteinander verschmelzen lassen. In den Kopierräumen waren Deckenleuchten mit Dunkelkammer-Schutzfiltern versehen, sodass sich die Augen beim Betreten der Räume erst an die Dunkelheit gewöhnen mussten. Dies war auch der Grund, weshalb das Tragen von weißen Kitteln Pflicht war, man wurde schneller wahrgenommen und

vermied Zusammenstöße, wenn man mit einem Büchsenstapel durch dunkle enge Gänge lief.“

„Nun, es gibt schlimmere Arbeitskleidung“, grinste Kalli. „Ja“, sagte ich. „Besonders zu der Zeit, als die Nylonkittel Mode waren und nicht kurz genug seien konnten. Du darfst nicht vergessen, in den Kopierwerken waren damals ca. siebzig Prozent junge Frauen beschäftigt und ich glaube, die männliche Minderheit fühlte sich schon sehr wohl.“ „Kann ich mir gut vorstellen“, meinte Kalli. „Das war sicher ein angenehmes Arbeiten.“ „Ja“, bestätigte ich.

So erzählte ich ihm, wie es war, wenn wir morgens auf das Firmengelände kamen. Wir gingen meist zuerst an unserer Verkaufsstelle vorbei, die um diese Zeit noch nicht geöffnet hatte. Vor dem Laden standen schon die angelieferten Milchkästen, aus denen wir uns jeder eine Flasche mitnahmen. Wir bezahlten dann natürlich mittags mit einer Milchmarke. In filmverarbeitenden Betrieben erhielten damals alle Mitarbeiter kostenlos einen viertel Liter Milch täglich. Mittags gab es zwei Gerichte zur Auswahl, die Essenmarken für 70 Pfennig pro Tag kaufte man in der Woche vorher. Unser Speisesaal führte direkt auf eine große Terrasse mit Campingstühlen und Sonnenschirmen. So saßen wir in lauen Sommernächten oftmals nach dem Ende der Spätschicht noch lange zusammen und vergaßen beim Plaudern die Zeit. Auch Alkohol wurde anfangs ganz offiziell verkauft. Oft standen dann Bier- und Weinflaschen in den Waschbecken, in denen das Kühlwasser der Projektoren abfloss. Später, als ein Kollege aus dem Heizhaus unter Alkoholeinfluss bei einem Unfall einen Arm verloren hatte, wurde ein striktes Alkoholverbot ausgesprochen. An Geburtstagen hieß es dann meist nur: Holt mal die Startbänder raus. Das war eine kleine 35-mm-Filmbüchse und die Startbänder waren Schnapsgläser. Man stieß auf das Wohl des betreffenden Kollegen an, dann verschwand die Büchse im Regal und jeder ging wieder an seinen Arbeitsplatz. Jetzt herrscht in der Branche überwiegend Zeitdruck, Überstunden und Wochenendarbeit. Nach diesem kleinen Umweg kehrten wir wieder zu den Kopiermaschinen zurück.

„Während bei der Kontaktkopiermaschine Negativ und Rohfilm Schicht auf Schicht am Kopierfenster vorbeilief und eine formatgetreue Positivkopie entstand, benutzte man optische Kopiermaschinen zum Verkleinern, um zum Beispiel von einem 70-mm-Film eine 35-mm-CinemaScope-Fassung, oder vom 35-mm-Film Verkleinerungen auf 16 und 8 mm zu machen.

Ebenso konnte man 16-mm-Negative auf 35 mm vergrößern, man nannte es im Filmjargon aufblasen oder neudeutsch blow up“, erklärte ich.

„Wann brauchte man solche optischen Kopien denn?“, fragte Kalli. „Nun“, sagte ich, „um beim Beispiel des 70-mm-Films zu bleiben, das Problem war, dass nur wenige Kinos in größeren Städten mit 70-mm-Projektoren ausgerüstet waren. Damit auch alle anderen Filmtheater diese Filme zeigen konnten, bekamen sie verkleinerte 35-mm-Kopien. Verkleinerungen auf 16 mm waren meist für

Spielstellen bestimmt, die aus Platzgründen keine großen Anlagen aufstellen konnten – auf Schiffen, in kleinen Klubs oder in Schulen zum Beispiel. Die umgekehrte Variante, also die Blow-Up-Kopie, fand ihre Anwendung bei dem eigens für dieses Verfahren entwickelten Super 16mm Negativ Film. Man konnte mit handlichen Kameras kostengünstig drehen und die Kopien trotzdem in allen Kinos zeigen. Es gab auch Blow-ups von 35-mm-*VistaVision* oder *CinemaScope*-Negativ auf 70-mm-Positiv-Film."

„Du hast schon öfter den Begriff *CinemaScope* erwähnt", sagte Kalli. „Damit ist doch eigentlich nur ein Breitwandfilm gemeint, oder?" „Im Prinzip schon", sagte ich. „Aber mit diesem Begriff ist eine besondere Aufnahmetechnik verbunden. 1953 eingeführt von der *20th Century Fox*, verwendete man beim Drehen eine spezielle Optik, die das Bild um den Faktor 2 in der Breite stauchte. Bei der Projektion kam dann ebenfalls eine Spezialoptik zum Einsatz, die das Bild wieder entzerrte. Man spricht auch vom anamorphotischen Verfahren. Eigentlich eine gute Idee, leider hatte sie auch Nachteile. Zum einen brachte ein Vorsatzobjektiv aus Zylinderlinsen, Licht- und Schärfeverluste mit und zum anderen wurden Schrammen und Schmutz in der Kopie ebenfalls breiter abgebildet."

„Da war das 70-mm-Format wahrscheinlich die bessere Alternative", meinte Kalli. „Ja", sagte ich. „Man nennt es auch gern die Königsklasse, von seinem ca. 3¼-mal größeren Bild ging schon fast eine räumliche Wirkung aus, dazu kam noch der 6-Kanal-Magnetton. In Europa erstmals 1956 vorgestellt, basierte es mit 65 mm breitem Negativfilm auf dem amerikanischen *Todd-AO-Verfahren* des Filmproduzenten Michael Todd. Der wegen der benötigten Tonspuren 5mm breitere Positivfilm konnte im Kontaktverfahren kopiert werden. Man drehte jetzt mit 30, statt wie bisher mit 24 Bildern pro Sekunde um jegliches Flimmern auszuschließen. Der erste Spielfilm in diesem Format war *Oklahoma*. Ich habe damals als ersten 70-mm-Film *My Fair Lady* mit Audrey Hepburn und Rex Harrison in den Hauptrollen gesehen und war begeistert. Filmformate sind eigentlich ein Thema für sich. Der Trend zur breiten Leinwand wurde in Amerika durch das aufkommende Fernsehen beschleunigt. Bereits 1952 kam man mit *Cinerama,* einem 3-streifigen Verfahren auf den Markt. Mit 3 synchron laufenden Maschinen beeindruckte man die Zuschauer mit einer 146 Grad-Projektion. Bekanntestes Beispiel wurde der 1962 uraufgeführte Film *Das war der Wilde Westen.* Auf der DVD - Überspielung kann man noch deutlich die Übergänge der einzelnen Streifen sehen. Im Kino spielte man ohne Überblendung von 3350-m-Spulen und legte nach ca. 1 Stunde eine Pause zum Aktwechsel ein. Der Ton kam separat von einem sogenannten Perfoläufer. Das war ein Abspielgerät für 35-mm-Magnetfilm mit 7-Kanälen." „Die Filmspulen müssen doch höllisch schwer gewesen sein?", fragte Kalli.

„Sie wogen über 30 Kilo", sagte ich. „Auch die 70-mm-Filmrollen waren für

Frauen, die in den Kopierwerken den größten Teil der Belegschaft ausmachten, schwer zu händeln."

„Ich kann mir vorstellen, dass die Produktionskosten auch viel höher waren", sagte Kalli. „Wer baute denn eigentlich die 70-mm-Geräte?"

„Die Projektoren kamen von *Philips* und *Bauer*, auch die damalige DDR baute 70-mm-Technik, so zum Beispiel die Kamera *70 Reflex,* konstruiert von Georg Maidorn, und den Projektor *Pyrcon UP 700.* Letzterer stand auch in unserer Kundenvorführung. Als die 70-mm-Ära zu Ende ging, war ich zufällig dabei, als er abgebaut wurde. ‚Da blutet einem das Herz, was?', sagte der Techniker, der mit der Demontage beschäftigt war"

„Ich habe in den 70er Jahren *2001* von Stanley Kubrick gesehen", erinnerte sich Kalli. „Er war, glaube ich, auch in 70-mm produziert. Es soll Leute gegeben haben, die ihn immer und immer wieder angesehen haben."

„Kann ich mir vorstellen", sagte ich. „Der Trend zu den uns heute selbstverständlichen Breitwandformaten war, wie schon erwähnt, in den 50er Jahren jedoch dem Konkurrenzkampf mit dem aufkommenden Fernsehen geschuldet. Das kleine Schwarz-Weiß-Bild war natürlich leicht zu übertrumpfen. Heute, im Zeitalter von Beamer, Flatscreen, Blu-ray und 3D, ist das Heimkino wieder attraktiver geworden und die letzte Antwort der analogen Filmtheater war das *IMAX–Kino* mit seinem überwältigenden Bildformat in 3D."

„Das stimmt", sagte Kalli. „Mein alter VHS-Videorecorder hätte mich nicht vom Kinobesuch abgehalten."

„Da du die Produktionskosten des 70-mm-Films erwähntest, sollten wir noch das von *Paramount* entwickelte *VistaVision* besprechen", sagte ich. „Das war nämlich insofern genial, da man herkömmliches 35-mm-Negativmaterial zur Aufnahme verwendete, dass in jedem Kopierwerk der Welt verarbeitet werden konnte und keine Zusatzkosten wie bei einer 65-mm-Strecke verursachte. Durch die längs zur Laufrichtung aufgenommenen Bilder mit 8 Perfolöchern belichtete man eine Fläche, die unserem bekannten Kleinbildformat entsprach. Praktischerweise konnte man die hochwertigen Fotoobjektive der Firma Leitz aus Wetzlar an den Kameras verwenden. Dort hatte Oskar Barnack die *Leica* konstruiert, den ersten Photoapparat für 35-mm-Film. Von den Negativen kopierte man Blow-ups auf 70-mm-Positivfilm, die vom Zuschauer kaum von echten 70-mm-Kontaktkopien unterschieden werden konnten. Verkleinerungen auf 35-mm-Film konnten in den verschiedensten Formaten hergestellt werden und waren von hoher Qualität.

Seinen letzten großen Einsatz hatte *VistaVision* bei den ersten *Star Wars*-Filmen. Da man bei Trickkopierungen immer mit Verlusten rechnen musste, war ein großes Negativformat wichtig. Um aber alle verfügbaren Emulsionen nutzen zu können, schied 65-mm-Material aus und George Lucas verwendete das bereits etwas in Vergessenheit geratene *VistaVision.* Auch die Trickaufnahmen des ersten *Tron* -Films sind so gemacht worden."

„Ich habe manchmal bei Filmen im Abspann gelesen *Color by De Luxe*", sagte Kalli. „War das eigentlich ein spezielles Verfahren?"

„Nein", sagte ich. „Namen wie: *Metrocolor, Warner Color* oder *Color by De Luxe* weisen nur darauf hin, welches Labor die *Eastman*-Kopien gezogen hat. Ein sehr spezielles Verfahren war allerdings *Technicolor*, bei dem die Positive im Druckverfahren hergestellt wurden. Das Aufnahmematerial waren dreistreifige Farbauszüge auf Schwarzweißfilm. Wenn du heute allerdings im Filmabspann *Technicolor* liest, ist das in der Regel eine Farbkopie auf normalem Mehrschichtenfilm vom Dup-Negativ gezogen. Uns erscheinen die Farben in den alten amerikanischen Filmen meist sehr kräftig, man sagt allerdings, die gedruckten Kopien waren farblich zurückhaltender. Ich selbst habe noch keine echte *Technicolor*-Kopie gesehen. Das Verfahren wurde 1978 aufgegeben und bestehende Anlagen an China verkauft. Zur Kopierung muss man noch etwas ergänzen", sagte ich. „Das Originalnegativ, wie es aus der Kamera kam, wurde ja zunächst als sogenanntes Muster kopiert. Die kopierten Szenen, die zur Verwendung kamen, wurden zur Schnittkopie zusammengefügt. Dies war der sogenannte künstlerische Schnitt – eine Teamarbeit zwischen Regisseur und Cutter. Nun bekam eine Negativ-Abzieherin aus der Negativmontage die Schnittkopie auf den Umrolltisch und schnitt das Originalnegativ parallel zur Kopie. Jeder folgende Kopierprozess bedeutete jetzt für das Negativ ein Risiko für Verschmutzung, Schrammen und Einrisse. Deshalb zog man davon so schnell wie möglich zunächst ein Dup Positiv oder auch Zwischenpositiv. Dies diente der Sicherheit und war Ausgangsbasis für ein Dup Negativ, auch Internegativ genannt, von dem man dann die Masse kopieren konnte. Dieses Zwischenpositiv oder Zwipo ähnelt von der Gradation her einem Negativ und besitzt auch eine orangebraune Farbmaskierung."

„Ich verstehe", sagte Kalli. „Da das Internegativ keine Klebestellen mehr hatte, war es beim Kopieren auch nicht mehr so störanfällig. „Eben", sagte ich. „Es gab ja nur noch die Klebestellen für Start- und Endband und im Schadensfall konnte man vom Zwipo ein Ersatzteil kopieren. Start- und Endbänder haben genau definierte Markierungen, die für das synchrone Kopieren von Bild- und Tonnegativ sorgten sowie dem Filmvorführer einen genau festgelegten Vorlauf für die Überblendung boten. Eine interessante Neuerung wurde 1959 von *Debrie* vorgestellt. Das war das sogenannte Nasskopieren. Man verwendete dazu das als Putzmittel bekannte Trichloräthylen, später auch Perchloräthylen. Diese Flüssigkeiten haben einen ähnlichen Brechungsindex wie die Filmunterlage. Eine Schramme auf der Blankseite des Films konnte für den Augenblick des Kopierens unsichtbar gemacht werden, da sie vom Trichloräthylen ausgefüllt wurde. Die leichte Flüchtigkeit der Chemikalie ermöglichte ein trockenes Aufwickeln der Filmmaterialien und der niedrige Preis sorgte für eine schnelle

Verbreitung des Nasskopierens. Bekannt im Zusammenhang mit dieser Technik ist die Firma *Andreas Schmitzer*. Viele Kopiermaschinen und Filmabtaster wurden weltweit mit deren Wetgates ausgerüstet. Leider wurde in der Anfangszeit recht sorglos mit den Flüssigkeiten umgegangen, ehe man ihre gesundheitsschädigende Wirkung erkannte."

„Wie sah eigentlich ein Ton-Negativ aus", fragte Kalli, „und warum war der Ton nicht gleich mit auf dem Bild-Negativ?" „Das hatte einen einfachen Grund", sagte ich. „Das Bild-Negativ hat eine flache Gradation, also einen geringen Kontrast. Das Ton-Negativ jedoch brauchte einen hohen Kontrast für eine rauschfreie Wiedergabe, deshalb wurde es auch auf Schwarzweißfilm mit einer Lichtton-Kamera belichtet. Dies machte der Bereich Lichttonumspielung, Ausgangsmaterial war Magnetton auf perforiertem Film, der über die ganze Fläche eine Magnetschicht hatte. Er konnte 35-mm oder 17,5-mm breit sein, weshalb letzterer auch kurz Split genannt wurde, da er aus halbiertem 35-mm-Magnetfilm entstanden ist. Nicht zu verwechseln mit 16-mm-Magnetfilm, der auch die 16-mm-Perforation hatte. Umgangssprachlich hießen die Magnetfilme im allgemeinen nur Perfos. Später wurden sie von der *DAT-Kassette* abgelöst.

Als jugendlicher Mitarbeiter hatte ich in der 60er Jahren Gelegenheit, mit einem alten Hasen aus der Tontechnik zu sprechen, der mir stolz erklärte, er habe noch die Gruppe *Triergon* persönlich gekannt. Das waren die Erfinder des Tonfilms Jo Engl, Joseph Massolle und Hans Vogt. Solche Berichte waren für mich natürlich immer sehr spannend. Das Tonnegativ, um zu deiner Frage zurück zu kommen, war ein 35-mm breiter, glasklarer Streifen, der seitlich nur die Tonspur enthielt. Ein Farbnegativ wäre viel zu flach graduiert. Beim Schwarzweißfilm gab es allerdings auch für aktuelle Berichte, wo die Tonqualität nicht ganz so wichtig war, das sogenannte kombinierte Negativ. Bei der Farbkopie war die Tonspur ein Sorgenkind, da die ersten Fotozellen in den Projektoren aus einer reinen Farbstoffspur keinen sauberen Ton produzieren konnten, musste man mit einer speziellen Technik bei der Filmentwicklung der Tonspur den Silberanteil zurückgeben. Wie das genau gemacht wurde, erzähle ich dir später, wenn wir den Bereich Entwicklung besprechen."

„Die Trennung von Bild und Ton war sicher auch sinnvoll, wenn man ausländische Fassungen brauchte", sagte Kalli. „Aber welche Rolle spielte eigentlich der 8-mm-Film?"

„Er war natürlich für den Hobbyfilmer gedacht und erlebte seinen großen Aufschwung in der Version Super 8", sagte ich. „1965 erfunden, kam er bei uns in der damaligen DDR jedoch nie so richtig in die Puschen. Er war grobkörnig, zu teuer und bekam nie eine brauchbare Tonspur spendiert. Der Trick gegenüber Normal 8 war eine Verkleinerung der Perforation zu Gunsten des Bildes. Damals wollten viele ihre Sprösslinge im Film verewigen und in unserem Werk gab es eine eigene Abteilung Amateurfilm."

„In unserer Familie gab es auch einen Amateurfilmer", erinnerte sich Kalli. „Die Aufnahmen sahen gar nicht mal schlecht aus." „Ja", sagte ich. „Ich bekam damals die Gelegenheit einen Super-8-Umkehrfilm von *Kodak* zu sehen, zwischen diesem und unserem Material lagen Welten, zumal er auch noch eine Magnettonspur hatte. Es gab bei euch im Westen sogar mal Bestrebungen aus Kostengründen Super 8 mm im Fernsehen einzusetzen. Gott sei Dank ist es nie dazu gekommen." „Hast du dich nicht damit beschäftigt?", fragte Kalli. „Natürlich", sagte ich. „Angefangen habe ich mit einer *AK 8,* einer simplen Kamera mit Fixfocus-Objektiv und Federaufzug ohne alle Extras. Wenn man vorn eine Stange befestigt hätte, wäre sie als Vogelhäuschen durchgegangen. Im Winter, wenn es richtig kalt war, wurde das Fett in den Lagern hart und die Kamera produzierte ungewollte Zeitrafferaufnahmen, weil sie so langsam lief. Später wechselte ich dann zum Super-8-Format, aber die Qualität und die Filmpreise ließen keine richtige Freude aufkommen. Einen größeren Einsatz hatte meine spätere *Admira* dann während der Armeezeit, als wir im Rahmen eines Kulturausscheids einen kleinen Film mit dem Titel ‚Wechselbeziehungen' drehten, mit dem wir sogar den ersten Platz belegten."
„Warst du eigentlich beim Bund?" fragte ich meinen alten Schulfreund. „Ja", grinste er. „Ich war auf der Schreibstube, habe die Zeit also ganz gut überstanden." „Ich hatte auch Glück", sagte ich. „Nach der Grundausbildung bekam ich die Poststelle, das Fotolabor und einen Kinowagen." „Das war ja das Richtige für dich", meinte Kalli. „Darüber kannst du sicher auch viel erzählen." „Ja", dazu kommen wir vielleicht auch noch", sagte ich. „Aber für heute lass uns Schluss machen, Kalli."
Nachdem wir unsere Rechnungen bezahlt hatten, traten wir auf die abendliche Straße, die nach einem Regenschauer glänzte. Auf dem Weg zum Bahnhof, erzählte mir Kalli seinen Werdegang von der Schulzeit über Abitur, Studium, Volontariat, Heirat bis zur Tätigkeit als Redakteur. Einen breiten Raum nahmen seine Schilderungen von der Zeit beim Bund ein, wobei wir viele Parallelen zwischen West und Ost entdeckten. Dann auf der Heimfahrt war ich in Gedanken in meiner ersten Firma.

Es ist ein Vormittag im August und wir, eine kleine Gruppe von Lehrmeistern und Lehrfacharbeitern, treffen uns, um den Nachwuchs unseres Kopierwerks im Vorraum der Kundenvorführung zu begrüßen. 15 Mädchen und 5 Jungen beginnen eine Lehre als Filmkopierfacharbeiter. Sie sitzen an langen Tischen bei Gebäck und Limonade und blicken uns neugierig entgegen. Gerade die 10. Klasse abgeschlossen, sehen viele noch sehr kindlich aus. Während wir uns zu ihnen setzen, begrüßt eine Lehrmeisterin die Gruppe und macht uns miteinander bekannt. Wir werden nun ihre Ausbildung in den kommenden Monaten begleiten. Nach kurzem Kennenlernen gehen wir zurück in unsere Abteilungen.
– Zweieinhalb Jahre sind vergangen. Wieder treffen wir zusammen. Diesmal im Rahmen unserer Prüfungskommission. Wir sind für drei Tage freigestellt um alle 20 angehenden Facharbeiter durch die Prüfung zu bringen. Kurz bevor ich zur Gruppe stoße, treffe ich auf meinem Weg zwei junge Mädchen. Sie arbeiten bereits seit einigen Monaten in ihrer zukünftigen Firma, der Studiotechnik Fernsehen, und kommen jetzt zur Abschlussprüfung. Ich begrüße nun keine Lehrlinge mehr, sondern zwei hübsche junge Frauen, die an diesem Morgen ihren Facharbeiterbrief erhalten werden.
Die jährlichen Prüfungen waren immer eine willkommene Abwechselung gewesen und ich musste an die vielen glücklichen Gesichter an diesen Tagen denken.

Am nächsten Tag traf ich mich mit Kalli am Potsdamer Platz. Wir hatten beschlossen, uns treiben zu lassen und spontan irgendwo einzukehren. So kam es, dass wir im Panorama-Café im 24. Stock des *Kollhoff–Tower* landeten. „Der Potsdamer Platz hat das Stadtbild ganz schön verändert", sagte Kalli, nachdem wir uns gesetzt hatten. „Ja", sagte ich. „Wer weiß, wie er aussehen würde, wäre die Teilung der Stadt nicht gekommen." „Er wäre wahrscheinlich nicht so gewaltig geworden", sagte Kalli. „Wie gefällt er dir?" „Weißt du", sagte ich, „ich finde ihn zwar modern aber seelenlos, eben nicht natürlich gewachsen. Ich sagte ja bereits, dass ich als Kind öfter hier war. An den Wochenenden half mein Vater einem Freund beim Innenausbau einer Kneipe. Die Trümmer des Krieges waren langsam beseitigt und der Potsdamer Platz sollte wieder zu alter Blüte erwachsen. Doch der 13. August 1961 machte alle Pläne für fast drei Jahrzehnte zunichte. Aber ein merkwürdiges Déjà-vu hatte ich hier mal vor einigen Jahren. Wir waren von meiner zweiten Firma aus zu einer Veranstaltung von *Kodak* hier. Man stellte uns neue Filmmaterialien vor. Als ich spät abends mit dem Auto aus der Tiefgarage auf die Straße fuhr, lief in meinem Radio, wie damals in den Musikboxen, der Titel ‚Wunderland bei Nacht' von Bert Kaempfert. Weißt du, was da für Erinnerungen hochkamen?" „Das kann ich mir vorstellen", gab mir Kalli recht. „Was ist heute unser Thema?" „Heute werden wir uns mit der Filmentwicklung beschäftigen", sagte ich.

4. Kapitel Die Entwicklungsmaschine und die Fotochemie

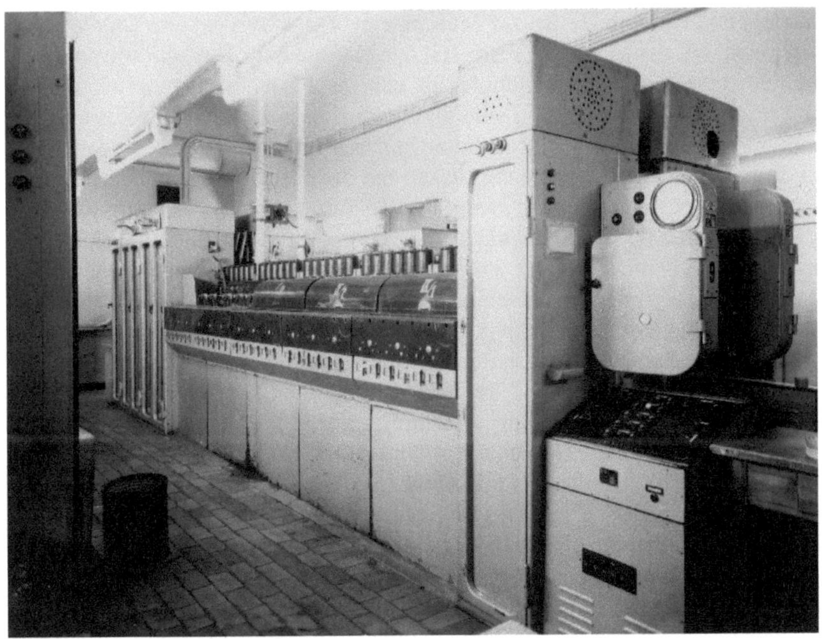

„Ein Film… Was kann das schon sein, wenn es die Zensur erlaubt hat. "
Kurt Tucholsky (1890–1935)

„Entwicklungsmaschinen wurden von allen namhaften Firmen in der Branche gebaut. So sollen die Namen *Geyer, Arri, Debrie* und *Hostert* nur stellvertretend für alle anderen stehen. Nach anfänglich gebauten Anlagen mit Rahmen oder Trommeln, auf denen die Filme gespannt wurden, hatten sich in der industriellen Filmbearbeitung schnell die Maschinen mit kontinuierlichem Filmlauf durchgesetzt. *Arri* führte 1964 den zahnkranzlosen Antrieb ein und erreichte damit bereits eine Leistung von 4000 m Film pro Stunde. Unsere ersten Maschinen waren aus dem Gerätewerk Friedrichshagen, später kamen Maschinen der Düsseldorfer Firma *Hostert* dazu. Der grundsätzliche Aufbau sah folgendermaßen aus: Den Anfang bildete das lichtdichte, sogenannte Vorlaufmagazin, an dem sich eine Kassettenaufnahme befand. Dann folgten Tankbatterien für die einzelnen chemischen Bäder, in denen sich Küvetten mit herausnehmbaren Schlitten befanden und am Ende der Maschine stand der Trockenschrank mit der Aufwicklung für die fertigen Filmrollen.
Eine zusätzliche Einrichtung besaßen die Maschinen für den Farb-Positiv-

Prozess, das war die Tonspur-Wiederentwicklung. Es gab Hellraum-Maschinen, bei denen die zu entwickelnden Filmrollen in einer Dunkelkammer in Kassetten eingelegt und dann im Hellen zur Maschine gebracht wurden, und Dunkelraum-Maschinen, bei denen nur der erste Teil der Maschine im Dunkeln war und man dadurch keine Kassetten benötigte. In unserer Firma benutzten wir erstere. Schwarzweißmaschinen hatten eine geringere Baulänge, da hier weniger Bäder benötigt wurden. Eine Maschinenbesatzung bestand damals aus drei Personen: dem Entwickler, dem Kassettenbestücker und dem Trockenschrankwart."

„Ganz schön personalintensiv", sagte Kalli. „Ja", sagte ich. „Allerdings waren die Trockenschrankwarte, oder auch Abnehmer, oftmals Rentner, die sich etwas dazuverdienen wollten. Unter ihnen war auch ein hochbetagter ehemaliger Kameramann, der mir oft von seiner Zeit erzählte, als er in den 40er Jahren mit Louis Trenker drehte. In seinem Arbeitsraum hing noch lange ein Plakat seines letzten Films ‚Sonne, Ski und Pulverschnee'. Durch seine Tätigkeit bei uns konnte er bis zum Schluss eine Filmrolle in den Händen halten. Da die Maschinen zum Anhängen und Abnehmen der Filmrollen nicht angehalten wurden, sorgten Fahrstuhlsysteme mit Umlenkrollen für die Zeitüberbrückung bis die nächste Rolle mit Metallkrammen an die Vorangegangene angenietet werden konnte.

Eine besondere Verantwortung hatten die Originalnegativ-Entwickler. Ging bei ihnen etwas schief und es kam zum Filmriss, musste oftmals nachgedreht werden, was in der Filmbranche ja bekanntlich immer mit hohen Kosten verbunden ist. Zeitdruck war bei neuen Filmen immer ein Thema und es gab kein Kopierwerk, bei dem nicht schon mal die letzte Rolle noch in der Entwicklung war, während die erste bereits zur Premiere im Kino lief."

„Waren die chemischen Bäder nicht gesundheitsschädlich?" fragte Kalli. „Die meisten waren relativ unbedenklich, wenn man sie nicht gerade in den Mund bekam", grinste ich. „Allerdings gab es Personen, die eine empfindliche Haut hatten und mit einer sogenannten Entwicklerkrätze an den Händen reagierten. Auch war die Substanz Phenidon umstritten, die damals das bekannte Metol aus Kostengründen ablöste. Formaldehyd, welches man zum Stabilisieren verwendete, war auch ein problematischer Kandidat. Dies wäre jetzt die Gelegenheit ein wenig über die physikalischen und chemischen Prozesse zu reden."

„Lass uns erst noch einen Kaffee bestellen", sagte Kalli und winkte zur Kellnerin rüber. „Sonst beklagen sie sich noch bei uns über Umsatzmangel."

„Du hast recht", stimmte ich zu. „Man vergisst förmlich die Zeit." Als frischer Kaffee in unseren Tassen war, begann ich, meinem Freund die Fotochemie näher zu bringen.

„Als *Johann Heinrich Schulze* 1727 die Lichtempfindlichkeit der Silbersalze

entdeckte", sagte ich, „waren es vor allen Dingen das Chlor-, Jod- und das Bromsilber, welche in den Filmemulsionen verwendet wurde.
Der Einbettungsstoff musste farblos, quellfähig und flüssigkeitsdurchlässig sein und sich schnell wieder in den ursprünglichen Zustand zurückversetzen lassen. Alle diese Forderungen erfüllte Gelatine. Für die Emulsionsherstellung gab es zwei Verfahren, die sogenannte Siedeemulsion und die Ammoniakemulsion. Bei der Siedeemulsion wurden in einer auf 60°C erhitzten Ansatzgelatine Kaliumbromid und Kaliumjodid in einem bestimmten Verhältnis zugegeben. Im Dunkeln wurde Silbernitrat zugeführt, wobei Kristalle von Silberbromid und Silberjodid ausfallen. Das einsetzende Wachstum der Kristalle bezeichnete man als physikalische Reifung. Weitere Prozesse, bei denen sich durch Zusätze Silbersulfit bildet, bezeichnete man als chemische Reifung. Die Silbersulfitkristalle bilden dann die sogenannten Empfindlichkeitskeime. Danach wurden noch chemische und optische Sensibilisatoren, Stabilisatoren und Konservierungsmittel hinzugegeben. Bei der Emulsionsherstellung steigerte sich dann die Lichtempfindlichkeit des Bromsilberkristalls."
„Hört sich kompliziert an", meinte Kalli. „Ja, es war auch nur eine grobe Zusammenfassung", sagte ich. „Gelatine war übrigens ein teurer Rohstoff, der aus Indien eingeführt werden musste. In den letzten DDR-Jahren versuchte man in Wolfen, immer weniger davon zu verwenden und neue Rezepturen führten zu einer dramatischen Verschlechterung der Qualität."
„Die fertige Emulsion wurde jedenfalls dann in speziellen Anlagen auf den Schichtträger gegossen, getrocknet, auf Filmbreite geschnitten und perforiert. Der Gießprozess erforderte besonders beim Mehrschichtenfilm eine hohe Präzision, da die Schichtdicken nicht variieren durften. Materialien aus der damaligen Sowjetunion waren qualitativ den in der DDR hergestellten Filmen deutlich unterlegen, weshalb sich unsere Kameraleute mit Händen und Füßen gegen eine Einführung sowjetischer Rohfilme wehrten. Sie hatten schon Probleme an das begehrte *Kodak*-Material zu kommen, und erhielten es anteilig nur für politisch wichtige Produktionen. Ich erinnere mich noch an den Film *Das rote Zelt* aus dem Jahre 1969, ein auf Tatsachen beruhender sowjetisch-italienischer Abenteuerfilm, in dem es um die gescheiterte Polarexpedition des Italieners Nobile geht. Es war eine hochkarätig besetzte Produktion. Ihr einziger Mangel war die Qualität der Filmmaterialien. Bei den vielen Aufnahmen im Schnee kippte die Farbe innerhalb einer Einstellung ständig zwischen purpur und grün und war mit damaligen Mitteln nicht zu korrigieren. Ein gutes Beispiel dafür, wie eng die Toleranzen beim Farbprozess sein müssen."
„Das lichtempfindliche Filmmaterial konnte nun auf Kunststoffkerne, sogenannte Bobbys, gespult und in die gewünschten Längen konfektioniert werden. In schwarze Tüten verpackt, landeten die Rollen in Blechbüchsen, wurden mit Lassoband versiegelt und konnten in den Handel gehen. Man muss

sich dabei immer vor Augen halten, dass die Arbeitsbedingungen in den Filmfabriken geprägt waren von Dunkelraum-Arbeitsplätzen unter schwierigen klimatischen Verhältnissen. In Wolfen arbeiteten in den 1980er Jahren bis zu 15000 Menschen mit einem 50-prozentigen Frauenanteil in drei Schichten. Wenn man in jenen Jahren durch Bitterfeld, der seinerzeit schmutzigsten Stadt Europas fuhr, sah und roch man, wie die Umwelt unter anderem durch die Filmfabrik belastet wurde. Eine Abwassergrube aus einem ehemaligen Braunkohle-Tagebau erhielt schon in den 1930er Jahren den Spitznamen Silbersee."

„Mich würde jetzt interessieren, wie die Farben im Film entstehen", sagte Kalli.

„Schon zu Beginn der Stummfilmzeit entstand der Wunsch nach farbiger Wiedergabe", sagte ich. „Man colorierte die anfangs noch kurzen Filmstreifen von Hand. Später färbte man ganze Szenen entsprechend der gewünschten Stimmung ein. Bis zur Praxisreife des Dreischichten-Kopierfilms sollten noch Jahre vergehen, in denen Verfahren erprobt und wieder verworfen wurden. Ausgehend vom Grundgedanken mit Hilfe dreier übereinander gegossener farbbildender Schichten ein Bild in natürlichen Farben zu erzeugen, suchte der geniale Chemiker *Rudolf Fischer* nach einer Lösung. Das Problem war, die Farbstoffe in einem Arbeitsgang nur in der für sie sensibilisierten Schicht entstehen zu lassen. Man wusste, dass man mit den drei Farben Gelb, Purpur und Blaugrün nach der subtraktiven Farbsynthese alle Farbtöne ermischen kann. *Fischer* fand heraus, dass bestimmte Entwicklersubstanzen das Silberbromid im Film reduzieren und gleichzeitig den Entwickler oxydieren. Diese Oxydationsprodukte konnten jetzt mit Zusätzen gezielt zu Farbstoffen kuppeln. Die Kuppler mussten löslich sein, durften aber nicht in benachbarte Schichten dringen. Es dauerte noch viele Jahre, ehe es dem Chemiker *Wilhelm Schneider* 1935 gelang, mittels langer Molekülketten die Kuppler diffusionsfest zu machen. Ein neuer *Agfacolor*-Film kam 1936 auf den Markt. 1940 löste man bei *Kodak* das Problem mit ölgekapselten Kupplern. Damit waren die unterschiedlichen Wege von *Agfa* und *Kodak* vorgezeichnet. Am Prinzip der Farbbildentstehung änderte das aber nichts. Auf der Filmunterlage befindet sich zunächst eine für rotes Licht sensibilisierte Schicht, die den blaugrünen Farbstoff bildet. Dann folgt eine für grünes Licht sensibilisierte Schicht, die den purpurnen Farbstoff bildet und danach eine für Blau empfindliche Schicht, die den gelben Farbstoff bildet. Bei der Aufnahme einer roten Rose auf grüner Wiese passiert jetzt Folgendes: Die rotempfindliche Schicht bildet für die Abbildung der Rose blaugrünen Farbstoff und die grünempfindliche Schicht für die Abbildung der Wiese purpurnen Farbstoff.

Wir haben also später auf dem entwickelten Negativ eine blaugrüne Rose auf purpurfarbener Wiese. Beim Kopiervorgang auf Positivfilm oder Fotopapier belichtet die blaugrüne Rose nun die blau- und die grünempfindliche Schicht, die jetzt die Farben Gelb und Purpur bilden. Zusammen ergeben sie Rot." „Jetzt verstehe ich", sagte Kalli. „Die purpurne Wiese belichtete die blau- und rotempfindlichen Schichten, die jetzt wiederum aus dem gebildeten Blaugrün und dem gebildeten Gelb zusammen Grün ergeben."

„So ist es", sagte ich. „Die Farben Purpur und Blaugrün nennt man heutzutage international übrigens Magenta und Cyan, du kennst es sicher so von der Bildbearbeitung am PC. Es gibt beim Film noch weitere Schichten, so zum Beispiel eine Lichthofschutzschicht, oder die Gelbfiltertrennschicht. Aber zum Verständnis der Bildentstehung brauchen wir darauf jetzt nicht weiter eingehen. Die ersten Farbnegativfilme besaßen auch noch keine Maske, wie man die gelblichbraune Grundfärbung nennt und deren Aufgabe es ist, Nebenfarbdichten zu absorbieren. Deshalb konnte man auf diesen noch das komplette komplementärfarbige Bild erkennen. Wie anfangs erwähnt, wird bei der Entwicklung das belichtete Silberbromid zu elementarem Silber reduziert und der Entwickler oxidiert. Da wir als Endprodukt aber ein reines Farbbild brauchen, muss also noch das vorhandene Silber entfernt werden."

„1974 gelang *Kodak* in der Emulsionsherstellung eine kleine Sensation. Mit Hilfe neuartiger, DIR genannter Kuppler konnte erstmals die Größe des Filmkorns bei hoher Empfindlichkeit beeinflusst werden. Bisher galt, je empfindlicher das Filmmaterial, desto größer das Filmkorn. Hier wurde nun durch eine Verzögerung während der Entwicklung das Filmkorn am Wachsen gehindert und es blieb ca. fünfmal kleiner als bei früheren Kupplern."

„An dieser Stelle werden wir wieder zur Entwicklungsmaschine zurückkehren. Die in der Kamera oder einer Kopiermaschine belichtete Filmrolle enthält zunächst das sogenannte latente Bild, eine Aufzeichnung, die durch den Entwicklungsprozess verstärkt und sichtbar gemacht werden muss.

Bevor die Filmmaterialien entwickelt werden können, muss man natürlich zunächst die chemischen Bäder bereitstellen. Jedes Kopierwerk hatte dafür einen Ansatzraum, in dem die benötigten Substanzen in Packpapiertüten, so groß wie wir es vom Zement kennen, angeliefert wurden. Man hatte überhaupt dort den Eindruck, man befinde sich in einem Bergwerk. Angesetzt wurden die Bäder in 2000-Liter-Tanks und über Pumpsysteme zu den einzelnen Maschinen befördert. In den Maschinen sorgten Turbolenzmotore für eine Bewegung der Entwicklerflüssigkeit und Heizspiralen für die nötige Bädertemperatur. Es war ein ausgeklügeltes System, da besonders die Farbentwicklung sehr enge Toleranzen hatte und man nur mit Hilfe sensitometrischer Kontrollen stabile, reproduzierbare Ergebnisse garantieren konnte. Das wichtigste Bad war demzufolge natürlich der Entwickler.

Er enthielt neben der entwickelnden Substanz weitere Chemikalien, wie zum Beispiel einen Beschleuniger, ein Schleier- und ein Kalkschutzmittel. Das Mischungsverhältnis der gebräuchlichen Schwarz-Weiß-Entwicklersubstanzen Metol und Hydrochinon entschied unter anderem darüber, ob ein Entwickler

flach oder steil arbeitete, also für Bild-Negativ-, Ton-Negativ- oder Positivfilme geeignet war. Als Kalkschutzmittel verwendete man Calgon, wie es uns von der Waschmaschine her vertraut ist, und eine der Farbentwicklersubstanzen hörte auf den schönen Bandwurmnamen Diäthylparaphenylendiaminsulfat, mit dem so mancher Lehrling gequält wurde. Wenn wir uns im einfachsten Fall die Schwarz-Weiß-Entwicklung ansehen, kommen wir auf 4 Bäder: das Entwicklerbad, die Zwischenwässerung, auch Unterbrecher genannt, das Fixierbad und die Schlusswässerung mit nachfolgender Trocknung. Während der Entwicklung eines Films entstand nun an den belichteten Stellen schwarzes Silber. Die Zwischenwässerung stoppte den Prozess und verhinderte eine Verschleppung des Entwicklers ins Fixierbad, im sauren Fixierbad wurden die restlichen unbelichteten Silbersalze herausgelöst und das Filmbild haltbar gemacht. Eine ausgiebige Schlusswässerung entfernte alle Chemikalienreste und mit der Trocknung war der Prozess abgeschlossen. Die Farbentwicklung war komplizierter und die Verarbeitungstoleranzen enger."
„Da ich bereits die Probleme der Tonspur beim Farbfilm erwähnte, werden wir uns am besten die Farbpositiventwicklung vornehmen. Hier begann der Bearbeitungsprozess zunächst mit einem Vorbad, in welchem die sogenannte Lichthof Schutzschicht entfernt wurde. Nach einer kurzen Zwischenwässerung folgte die Farbentwicklung. Nach dieser gelangt, gefolgt von einer weiteren kurzen Zwischenwässerung, der Film ins Stoppfixierbad. Hier wurde der Entwicklungsprozess gestoppt und die nichtentwickelten Silberhalogene herausgelöst. Nun gelangte der Film nach einer längeren Zwischenwässerung in das sogenannte Bleichbad. Seine Aufgabe war es, das Silber des Positivbildes und der Tonspur in Silberbromid umzuwandeln. Eine erneute Zwischenwässerung entfernte das Bleichbad aus dem Film, der nun zur Tonspurwiederentwicklung gelangte. Hier wurde der Film über eine spezielle Anordnung aus der Maschine herausgeführt, um die Tonspur gezielt mit einem hochviskosen, rapid arbeitenden Entwickler, dem sogenannten Tonschleim, wiederzuentwickeln. Man trug ihn mit einem Rädchen auf und die Bromsilber-Kristalle in der Tonspur wurden wieder zu elementarem Silber reduziert. Dann leitete man den Film zurück in die Maschine, um ihn nach einer kurzen Wässerung ins Endfixierbad zu führen. Hier wurden nun die im Bleichbad umgewandelten Silberhalogene des Positivbildes herausgelöst und zurück blieb ein reines Farbstoffbild. Jetzt folgten noch Schlusswässerung, Stabilisierung und Trocknung." „Ich kann mir vorstellen, dass das Auftragen des Tonschleims die Problematik war, die du anfangs erwähntest", sagte Kalli.
„So ist es, der Schleimfilm konnte abreißen oder zu schmal eingestellt sein, in beiden Fällen führte das zu Ausschuss. Schleimspritzer im Bild oder ein zu breites Auftragen konnte man immerhin noch mal nachbehandeln. Später kamen dann in den Projektoren Fotozellen zum Einsatz, die auch reine Farbstoffspuren

abtasten konnten. Das erwähnte Stabilisierungsbad sollte eine Vergrünung verhindern, die durch Zerstörung des Purpurfarbstoffes entsteht. Zum Einsatz kam das berüchtigte Formaldehyd. Du siehst, das waren hochkomplexe Prozesse, die nur durch ständige Kontrollen konstant gehalten werden konnten. Hier beginnt nun das Aufgabengebiet der Filmmesstechnik." „Bevor du weiter ausholst, erzähl doch mal was von deiner Armeezeit auf dem Kinowagen", bat Kalli. „Gut", sagte ich. „Bevor es zu trocken wird. Die Sensitometrie können wir uns auch für später aufheben."
Während ich zu erzählen begann, kamen längst vergessene Bilder in die Erinnerung zurück.

Es ist der 2.November 1971, eine herbstliche Frische liegt in der Luft und ich stehe unentschlossen auf dem Bahnhof Karlshorst. Laut Einberufungsbefehl befindet sich meine Kaserne in Potsdam und ich verspüre keine Lust zu unnötiger Eile, als eine kleine Gruppe junger Burschen auf mich zukommt. Unsere kurzen Frisuren sind, zu einer Zeit als man die Haare schulterlang trägt, ein sicheres Erkennungszeichen und nach kurzer Begrüßung wird klar, wir haben dasselbe Ziel. Wir beschließen im „Goldbroiler", einem Schnellrestaurant einzukehren und die letzten freien Stunden bei einem Bier zu verbringen. Dann sitzen wir, eine kleine Schicksalsgemeinschaft, im „Sputnik", dem Personenzug nach Potsdam. Während der Fahrt lenken wir uns mit Gesprächen ab, als der Älteste aus unserer Gruppe unbemerkt zur Tür geht. Aus dem Augenwinkel sehe ich, wie er mit einem Ruck die Tür aufreißt und zeitgleich von zweien von uns geistesgegenwärtig zurückgezogen wird. Ernüchtert und schweigsam steigen wir in Potsdam aus dem Zug.
In der Bahnhofshalle mogeln wir uns an den bereitstehenden Soldaten vorbei, um einem Sammeltransport zu entgehen. Wir schauen auf den Zettel mit der Adresse und gehen langsam in Richtung Kaserne am Heiligen See. Dort angekommen werden wir, je nach Zug oder Batterie auf die einzelnen Stuben verteilt und der Stubenälteste zeigt uns unsere Spinde und Betten, danach beantwortet er unsere Fragen. Wir sind zu zehnt auf der Stube, zusammen mit dem zweiten und dritten Diensthalbjahr, was sich als Vorteil erweisen soll, denn wir lernen von den „alten Hasen" und es können sich keine Hierarchien innerhalb nur eines Halbjahres bilden. Dann bekommen wir unsere Uniformen und trotz unseres privaten Frisörbesuchs noch einen extra kurzen Haarschnitt verpasst. Später lernen wir unseren Zugführer, unseren Spieß und unsere Unteroffiziere kennen. Verglichen mit den Batterien, stellen wir fest, haben wir es im Aufklärungszug noch ganz gut getroffen. Die Grundausbildung vergeht mit Exerzieren, Marschieren und Schießen, wie es wahrscheinlich in allen Armeen der Welt ist.
An einem Regentag, als wir gerade über den Kasernenhof robben und uns

„todesmutig" in die Pfützen werfen, öffnet sich im Stabsgebäude ein Fenster und mein Name wird gerufen. Ein Offizier fragt, ob ich schnell mal einen Film entwickeln könne. Kurz danach überträgt man mir das Fotolabor und nach Ablauf des ersten Diensthalbjahrs betreue ich dann noch den Kinowagen und die Poststelle. Nun bin ich bei allen in der Einheit der „Kinomann" oder der „Filmfritze."

Der Kinowagen, KFA abgekürzt, ist ein einachsiger Hänger. Seine Ausrüstung besteht aus zwei 35-mm-Kofferprojektoren vom Typ „TK 35", Verstärker, Schaltgerät, Tonbandgerät, S-W-Fernseher, Antennenmast, Leinwand, Kabeltrommel und diversem Zubehör. Die Projektionsöffnung befindet sich in Fahrtrichtung über der Anhängergabel und der Einstieg gegenüber. Zum Transport hänge ich den Wagen an einen LKW. Was die Filmauswahl betrifft, bekomme ich freie Hand. So kann ich versuchen, eine Balance zwischen Unterhaltung und Anspruch zu finden. Haupteinsatz ist alle halbe Jahre ein mehrwöchiges Zeltlager in Zingst an der Ostsee. Da es während dieser Zeit keinen Ausgang gibt, sind Kino und musikalische Unterhaltung vom Tonband die einzige Abwechselung. Nach Dienstschluss und am Wochenende laufen tagsüber meine privaten Tonbänder und abends freuen sich alle auf den angekündigten Film.

Eine interessante Erfahrung mache ich, als ich den Film „Die Schlacht an der Neretva" zeige. Ich bin mir bewusst, dass ein Kriegsfilm nicht unbedingt die richtige Wahl in einem Armeelager seien könnte. Da ich ihn in guter Erinnerung habe, gehe ich das Risiko ein und werde von den einhellig positiven Reaktionen bestätigt. Während der Vorführung sehe ich das Leinwandgeschehen und im Vordergrund die Rücken der Kameraden. Einige sitzen auf der Hängergabel. Die meisten tragen ihre Dienstuniform etwas leger, haben einen Dreitagebart, rauchen eine Zigarette oder halten eine Bierflasche in der Hand. Alle verfolgen schweigend und nachdenklich den Film. Irgendwann wird die Tür meines Wagens geöffnet und mein Oberfeldwebel klopft mir auf die Schulter und reicht mir ein Bier rüber. Am Schluss kommen viele auf ihrem Weg zu den Zelten bei mir vorbei um mir zu sagen, dass ihnen nach anfänglicher Skepsis der Film sehr gefallen hat. Ich bin zufrieden, denn Soldaten-Unmut kann auch schon mal am Kinowagen ausgelassen werden. Zum Glück kenne ich das nur aus Erzählungen. Wenn hoher Besuch, vertreten durch einen fetten Oberst vom Militärbezirk, angekündigt wird, weiß ich, was mich erwartet. Mit dem Befehl: „Der Kinomann soll zu mir kommen", muss ich Meldung machen und die Frage beantworten, ob ich einen Film von der Olsenbande dabei habe. Dann heißt es: „Lassen sie mal ein 200-Mann-Zelt verdunkeln, in einer Stunde will ich den sehen!". An einem sonnigen Mittag wird dann mit Decken das Zelt verdunkelt und zur verabredeten Zeit erscheint mein Oberst mit seinem Adjutanten, um sich in trauter Zweisamkeit bei einem Streich der Olsenbande vor Lachen auf die Schenkel zu klopfen.

Die dänischen Filmkomödien liefen damals nur im Osten Deutschlands und auf Kallis ratloses Gesicht hin, erklärte ich ihm, worum es in diesen Krimi – Klamotten ging. Er meinte darauf hin, ähnliches hätte er sich auch damals beim Bund vorstellen können. Dann erzählte ich von einem Parktag, an dem mein Verstärker abrauchte. Ich erinnerte mich noch genau an den Tag.

Wir sind im Feldlager und reinigen unsere Technik. Die Sonne scheint und jeder tut sehr beschäftigt, um nicht zu unbequemeren Aufgaben herangezogen zu werden. Da ich kein Stromnetz habe, hängt mein Verstärker am 2,5-kW-Benzin-Generator. Ich lasse Musik vom Tonband laufen und beschäftige mich am anderen Ende des Platzes. Der Vergaser ist nicht ganz in Ordnung und plötzlich läuft der Motor immer hochtouriger. Ich sehe nur noch die Rauchwolken aus dem Kinohänger aufsteigen, bevor die Musik verstummt. Die Ursache für das Durchbrennen des Netztrafos ist dann schnell gefunden. Mein Vorgänger hatte sämtliche Feinsicherungen mit Silberpapier umwickelt, die ich natürlich bei Übernahme der Technik nicht kontrolliert hatte. Ein Beispiel dafür wie gefährlich ein Provisorium sein kann.

Nach diesem kleinen gedanklichen Ausflug kehrten wir wieder zum Kopierwerk und zur Film-Messtechnik zurück.

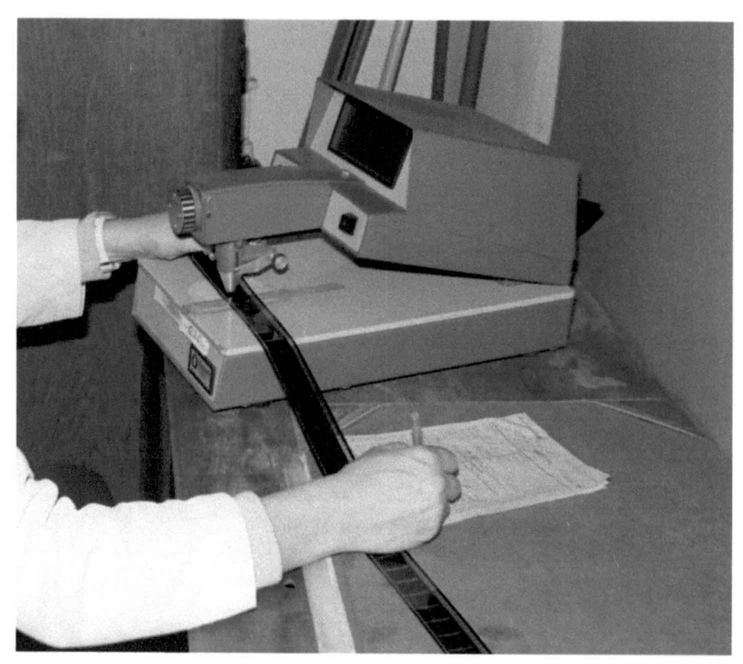

5. Kapitel Die Sensitometrie

Da vorne klemmt ein Jraf sich das Monokel
Platt ins Gesicht – die Bogenlampe zischt.
Ein Gazefräulein steht auf einem Sockel –
Der dicke Regisseur brüllt:"det is nischt!"
(Aus:"Kino Atelier" von Kurt Tucholsky)

„Filmproduktionen sind sehr kostenintensiv und man erwartet von einem Kopierwerk Zuverlässigkeit und vorher bestimmbare Ergebnisse. In der Stummfilmzeit, als es schwarzweiß zuging, war das noch anders. Damals ging der Kameramann zum Kopierwerksleiter, erzählte seine Probleme beim Dreh und äußerte seine Wünsche in Bezug auf die Entwicklung seines Materials. Es herrschte ein großes persönliches Vertrauensverhältnis. Als dann anfangs der Tonfilm und später der Farbfilm keine Abweichungen mehr vom Prozess in Bezug auf Dichte und Gradation erlaubten waren die Kameraleute zunächst skeptisch und befürchteten den Verlust kreativer Eingriffsmöglichkeiten.
Bald erkannten sie jedoch auch die Vorteile, weltweit einheitlicher Richtlinien. Auch blieb man weiterhin in engem Kontakt mit den Kopieranstalten, um im Vorfeld unter anderem Filmemulsionen, Objektivschärfe und Filmleuchten zu testen. Hauptanwendungsgebiet der Sensitometrie ist die Prozessüberwachung sowie die Untersuchung bestimmter Rohfilmeigenschaften. Die verwendeten Geräte sind zum einen das Sensitometer und zum anderen das Densitometer. Das Erstere verwendet man zum Aufbelichten eines Graukeils auf die zu testende Emulsion und das Letztere zum Messen der Filmdichten.
Der normierte Graukeil bestand aus metallischem Silber und enthielt 20 Stufen in logarithmischer Dichtezunahme. Die Belichtung erfolgte im Gerät an einem Schlitzfenster, an dem der Stufenkeil mit dem Messobjekt vorbeigeführt wurde."
„Nach der Entwicklung des belichteten Materials hätte man dann also von der Kopie des Graukeils die Stufen ausmessen können," fragte Kalli, „wie lang war denn so ein Teststreifen?"
„Er war ca. 30 cm lang und die Treppenstufen boten mit ca. 1cm Länge genügend Fläche zum Ausmessen. Ich habe in der Ausbildung noch an alten Zeigerinstrumenten mit Röhrenverstärker gesessen, bei denen man vor jeder Messung den Nullpunkt korrigieren musste. Das Messergebnis wurde Punkt für Punkt auf Millimeterpapier übertragen und ergab dann die charakteristische S-Kurve.
Eine große Erleichterung waren dann später die digitalen Densitometer von *Macbeth.* Ein angeschlossener Plotter registrierte automatisch die Schwärzungskurven. Auf Stufenkeilen von Farb-Positivfilmen sah man oft schon

mit bloßem Auge das Materialverhalten in den Schatten und Lichtern. Kühlere Schatten und wärmere Lichter waren meist gewünscht und entsprachen dem damals bei uns gebräuchlichen Typ PC7. Für große Irritation sorgte kurzzeitig der Materialtyp PC12, der mit vertauschter Schichtfolge warme Schatten und kühle Lichter erzeugte. Seine Bestandteile wurden ebenfalls verändert, was zur Folge hatte, dass die Filmrolle, die aus dem Trockenschrank kam, einem Vieleck ähnelte und sehr spröde war. Kameraleute und Studios lehnten daraufhin diesen Materialtyp ab. Er fand dann nur noch im 16-mm-Bereich unter der Bezeichnung PC13 Verwendung.“

„Bei der *DEFA* wurden doch sogar Indianerfilme gedreht, habe ich mal gehört?“ fragte Kalli. „Stimmt“, sagte ich. „Sie sollten wohl die Antwort auf die Karl-May-Filme sein. Dazu fällt mir wieder eine lustige Geschichte ein, die uns damals ein Kameramann erzählte.

Der Dreh mit Pferdeherden war noch ungewohnt und man rechnete nicht mit der Gelehrigkeit der Tiere. Einige hatten nämlich erkannt, dass ihr Part erledigt war, wenn sie an der Kamera vorbeigetrabt waren. Folglich blieben sie einfach stehen. Das Problem war aber, man wollte ja auch mal einen Schwenk mit den vorbei galoppierenden Pferden drehen. Es war damals sicher nicht so einfach und vieles auch ungewollt komisch.

Lass uns aber nun zur Lichtbestimmung kommen.“

6. Kapitel Die Lichtbestimmung und der Coloranalyzer

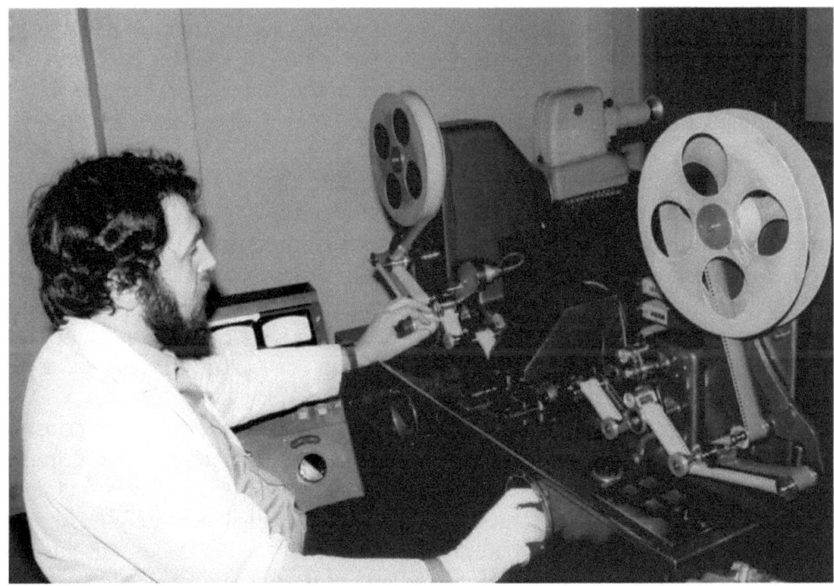

Ich hab gelächelt, hab getobt -
War böse, war zufrieden
Ich war verheirat`, war verlobt,
War ledig und geschieden

Jedoch so oft gefilmt ich bin -
Ich sag es ungelogen:
Ich ward von meiner Partnerin
in jedem Film betrogen.

(Aus: „Reutter im Kientopp" von Otto Reutter)

Lange Zeit beruhte die Lichtbestimmung eines Filmes ausschließlich auf den
Erfahrungswerten der Mitarbeiter. Die Arbeitsräume, in denen korrigiert wurde,
waren abgedunkelt und nur indirekt beleuchtet. Fensterscheiben waren schwarz
angestrichen, um jegliches Tageslicht fern zu halten. Die Umrolltische, an denen
gearbeitet wurde, hatten ein Unterlicht, bestehend aus einer Tageslicht-

Leuchtstoffröhre über die eine Opalscheibe angebracht war. Die Schwarz-Weiß-Lichtbestimmung war damals ein eigener Bereich und bekannt für ein strenges Regime. Obwohl mehrere Lichtbestimmer im Raum arbeiteten, war es so still, dass man eine zu Boden fallende Stecknadel gehört hätte. Wenn ein Lehrling sich versehentlich mal etwas laut äußerte, zog er sich gleich einen von Räuspern begleiteten, strengen Blick des Hauptlichtbestimmers zu. In den 60er Jahren ging es dort noch sehr elitär zu und wenn man die Lichtbestimmer beobachtete, wie sie gemächlichen Schrittes mit einer Filmbüchse unter dem Arm aus der Vorführung kamen, sah man, dass sie sich ihrer Position im Kopierwerk bewusst waren.

Schwarz-Weiß-Lichtbestimmung erfolgte am Negativ, im Gegensatz zur Farb-Lichtbestimmung, bei der das Positiv korrigiert wurde. Es musste für jede Szene eines Filmes die Blendengröße, also das Licht bestimmt werden, welches in der Kopiermaschine zur richtigen Belichtung des Positivs führte. Der damalige Cheflichtbestimmer vertrat die Meinung, wer nicht sofort sieht, welches Licht die betreffende Szene benötigt, ist kein Lichtbestimmer sondern ein Lichtrater. Verständlicher Weise waren die meisten Lehrlinge damals froh, wenn sie diese Abteilung hinter sich hatten.

Kalli, der die ganze Zeit meiner Schilderung gefolgt war, begann zu grinsen. „Trotz dieser extremen Bedingungen bist du Lichtbestimmer geworden?" fragte er. „Ja", sagte ich. „Ich wollte sogar in die Schwarz-Weiß-Lichtbestimmung, obwohl ich später froh war, dem Rat meines Produktionsleiters gefolgt zu sein und die zukunftssichere Farblichtbestimmung gewählt habe. Dabei fällt mir ein um ein Haar hätte ich vielleicht doch die Fotografenlaufbahn eingeschlagen. Ich hatte gerade meine Armeezeit hinter mir und das Angebot eines Bühnenfotografen auf dem Tisch. Er suchte einen Assistenten mit der Perspektive, später seinen Job zu übernehmen. Im Nachhinein bin ich froh, mich dann doch dagegen entschieden zu haben."

„Ich sagte ja bereits, dass für die Kopierung bei uns das Kammerprinzip bestand. Während Kopierer mit ihren Maschinen in kleinen Kammern arbeiteten, waren wir Lichtbestimmer zu acht in einem großen Raum. In anderen Kopierwerken war es oft umgekehrt. Viele Kopiermaschinen standen dort in einem Raum, während Lichtbestimmer ihre eigene Kammer hatten."

Worin lagen denn die Vor- und Nachteile der unterschiedlichen Vorgehensweisen?", wollte Kalli wissen. „Nun", sagte ich, „Kopierräume müssen möglichst staubfrei sein und je weniger Personen sich in den Räumen aufhalten, umso besser. Außerdem sagte man sich, bei Reparaturen zieht man den schwarzen Vorhang zu, macht helles Licht und in den anderen Kammern kann trotzdem weitergearbeitet werden. Nach der anderen Philosophie rollte man die defekte Maschine in die Werkstatt oder alle anderen mussten ihre Arbeit während der Wartung unterbrechen. Einzelräume für Lichtbestimmer waren natürlich vorteilhaft. Hatte man längere Absprachen mit dem Kameramann, wurde kein anderer Mitarbeiter gestört.

Bis zur Einführung des Color Analyzers korrigierten wir die Filme nach der subtraktiven Farbsynthese. Hatte ein Spielfilm beispielsweise 90 Minuten Länge, so bestand er aus 5 Akten. Für jeden Akt des Negativs wurde nun ein Lichtband mit so vielen Blendenlöchern vorgestanzt, wie es Szenen gab. Über den Löchern befestigte man Kombinationen von Folienfilter der Farben Gelb, Purpur und Blaugrün sowie Grau für die Dichtesteuerung. Die Abstufung erfolgte in Prozent, wobei 5 Prozent die kleinste Einheit war.

Wir schrieben während der Korrektur auf einen sogenannten Lichtzettel Szene für Szene die erforderlichen Filterkombinationen, nach welchem eine Lichtband-Herstellerin später das Lichtsteuerband zusammensteckte. Ein Lichtbestimmer definiert einen Farbstich übrigens immer mit Kombinationen aus den Farben: Gelb, Purpur, Blaugrün, Rot, Grün und Blau. Er würde zum Beispiel nie von einem orangen oder violetten Farbstich reden. In seiner Sprache wäre es Gelbrot und Blaupurpur.

Zu Beginn einer Korrektur musste zunächst erst einmal die Ausgangsfilterung gefunden werden. Dazu probte man den Film mit einem sogenannten Ringtestband an. Dieses hatte unterschiedliche Filterkombinationen, aus denen man jene auswählte, die zur optimalsten Farbwiedergabe führte. Für den ersten Kopierdurchlauf bewährte sich eine Kurzfassung des Films. Diese wurde aus den Schnittresten der verwendeten Szenen zusammengefügt. Die Reihenfolge entsprach natürlich genau der langen Fassung. Man sparte so Kopiermaterial ein, denn die Farbsprünge in der ersten Korrektur waren meist so stark, dass diese Korrekturkopie hinterher verworfen wurde. Die so ermittelten Werte waren der Ausgangspunkt für die zweite Korrektur.

Du fragst dich sicherlich, warum eine so aufwändige, szenenweise Korrektur überhaupt nötig war. Es lag einfach daran, dass bei der Filmaufnahme wechselnde Lichtverhältnisse zu unterschiedlichen Belichtungen führten. Oft gab es Nachdrehs oder Materialwechsel. Selbst das genaue Messen der Belichtung und der Farbtemperatur am Drehort konnte eine szenenweise Korrektur nicht entbehrlich machen. Die Filterrechnung nach der subtraktiven Farbsynthese hatte einige Besonderheiten. Zum Beispiel schluckten die Filterfolien je nach Eigenfarbe unterschiedlich stark das Licht, so dass ein Gelbfilter nur wenig, ein Blaugrünfilter dagegen stärker mit Graufiltern ausgeglichen werden musste. Die Lichtbänder damals waren mit ihren aufgenieteten Folien sehr sperrige Gebilde und nicht selten kam es vor, dass sich ein Filter vorzeitig ablöste und in der betreffenden Szene zur Fehlbelichtung führte. Es konnte auch passieren, dass sich ein Lichtband in der Maschine verzog und das kopierte Positiv mit dem Vermerk, Halbloch geschaltet, im Ausschuss landete. Ein Lichtbestimmer verbrachte also, wenn er nicht gerade mit dem

Kameramann in der Vorführung saß, den Arbeitstag mit Farb- und Dichteausgleich und Filterrechnen.

Auf den erwähnten Lichtzetteln wurden die Filterwerte in Spalten für die jeweilige Korrektur eingetragen und schließlich und endlich nach Abnahme des Films abgeheftet. Unser Regal mit den Ordnern füllte eine ganze Wand aus. Sollte nach Jahren eine Nachbestellung erfolgen, konnte man darauf zurückgreifen. Dass auch schwarz auf weiß Gespeichertes nicht ewig haltbar ist, mussten wir damals auch erfahren. Beim Raussuchen eines Lichtzettels stellten wir fest, dass offenbar eine Maus an den Ordnern Geschmack gefunden hatte und diverse Seiten teilweise abgefressen und unlesbar geworden waren. Irgendwann ging sie nachts in die aufgestellte Falle und wurde der Frühschicht mit dem Vermerk: ‚Hier ruht die letzte DEFA-Maus.‘ auf dem Schreibtisch präsentiert.

Mit Einführung des Color Analyzers der Firma *Hazeltine* Mitte der 1970er Jahre wurde bei uns die Lichtbestimmung nach der additiven Farbsynthese eingeführt. Zusammen mit zeitgleich gekauften *Bell & Howell*- Kopiermaschinen, nun Printer genannt, wurde die Lichtbestimmung wesentlich einfacher und schneller. Der Analyzer war ein elektronisches Gerät, bestehend aus einem Abtastsystem, einem Korrekturpult und einem Farbmonitor. Man saß an einem tischähnlichen Aufbau mit vertikal laufenden Filmspulen, zwischen denen das Negativbild abgetastet und mit Hilfe von sogenannten Sekundärelektronenvervielfachern in ein elektrisches Signal umgewandelt wurde.

Auf dem Bildschirm sah man bereits das Positiv. Der Monitor war noch mit Röhren bestückt und auf seiner Rückwand klebte ein Warnhinweis für den Techniker. Auf Grund der hohen Anodenspannung trat an der Ballasttriode leichte Röntgenstrahlung auf. Der Lichtbestimmer konnte nun am Korrekturpult für jede Szene des Negativs die Farbbalance einstellen und den Lichtwert gleich in einem Programmband ausgeben. Die Abstufung erfolgte in Printer Points oder, wie wir sagten, in Punkten. Am Ende entstand eine erste Korrektur, bei der Farb- und Dichteunterschiede schon fast perfekt ausgeglichen waren. Da in einem dunklen Raum gearbeitet wurde, benutzte man eine farbliche Referenz in Form eines Dia-Positivs. Mit einem kleinen Projektor wurde es neben dem Monitor auf einer weißen Fläche abgebildet.

Ich erinnere mich noch an 1975, als mitten in der Korrekturphase des Films *Berlinger* die Abtaströhre kaputtging. Ich ließ die letzten beiden Rollen des Original-Negativs mit einem Licht kopieren. Zwei zusätzliche Korrekturen brauchte ich daraufhin.“

Kalli, der interessiert zugehört hatte, fragte: „Was muss ich mir unter Farbbalance vorstellen?“

„Ich habe meinen Lehrlingen immer gesagt, dass die Farben im Film nicht dieselbe Größenordnung wie in der Realität haben können. Es kommt immer nur

darauf an, dass sie im richtigen Verhältnis zueinander stehen", sagte ich. „Maß aller Dinge waren die Hauttöne, sofern Personen im Bild waren. Ansonsten orientierte man sich an sogenannten Erinnerungsfarben, also bekannte Farben, im Idealfall das Weiß einer Zeitungsseite zum Beispiel."
„Es ist schon erstaunlich, dass wir Menschen meinen, alle dasselbe zu sehen, wenn wir von Farben sprechen", meinte Kalli. „Ja", sagte ich. „Zumal wir wissen, dass Farbe ja nur im Gehirn entsteht.
Das Phänomen der Farbfehlsichtigkeit ist bei Männern übrigens wesentlich häufiger anzutreffen als bei Frauen. Man führt es auf das fehlende X-Chromosom zurück. Bei der Einstellungsuntersuchung in Filmbetrieben wurde bei männlichen Bewerbern deshalb darauf besonders geachtet. In der praktischen Zusammenarbeit mit den Kameramännern oder den Vertretern der Studios, gab es unterschiedliche Vorgehensweisen. Viele Kameraleute gaben dem Lichtbestimmer grob die Richtung vor und verließen sich im Wesentlichen auf seine Erfahrung. Andere wiederum wollten Ratschläge oder hatten ganz präzise Vorstellungen von den einzelnen Farbstimmungen. Erst mit Einführung des digitalen Colorgradings sollten sich die kreativen Möglichkeiten des Kameramannes drastisch verändern, denn jetzt konnte er den Eingriff an jeder Szene mitverfolgen und sofort seine Wünsche einfließen lassen. Aber dazu kommen wir später, wenn wir einen Ausflug in die digitale Welt machen.
Mitte der 1980er Jahre waren wir erst mal froh, denn durch die computergestützte Arbeit wurden die Lichtzettel überflüssig. Die ersten Rechner hatten noch keine Festplatte. Auf zwei Floppy-Laufwerken verteilten sich Betriebssystem und Daten. Wir tippten unsere Korrekturen jetzt zwar ein und steuerten die Kopiermaschinen mit Disketten, aber an der grundsätzlichen Arbeitsweise änderte sich nichts. Nach wie vor gingen wir mit den Ergebnissen vom Vortag in die Vorführung und sprachen mit dem Kameramann des Films Änderungswünsche für die nächste Korrektur durch. Gab es nur noch Kleinigkeiten, wurde der Termin für die Abnahme festgelegt."

Frühjahr 1981 – es ist wieder mal soweit und eine DEFA-Produktion steht vor dem Abschluss. Drei Wochen Korrekturarbeiten liegen hinter mir und heute soll der Film abgenommen werden, welcher dann schließlich der letzte verbotene Film vor dem Ende der DDR sein wird. Er schildert das Schicksal des Bürgermeisters einer kleinen Stadt in der Provinz.
Der Filmvorführer unserer Kundenvorführung hat die Kopie bereits abgeholt und alle Vorbereitungen abgeschlossen. Ich ziehe meinen Kittel über, bewaffne mich mit Notizblock und Stift und gehe meine Kollegin von der Technischen Kontrolle abholen. Gemeinsam laufen wir durch die verwinkelten Gänge in Richtung Verwaltungsgebäude, an welchem sich die Kundenvorführung anschließt. Im Vorraum, einem breiten verglasten Durchgang mit Tischen und

Stühlen an den Längsseiten, warten bereits die beiden Vertreter des Studios Babelsberg und zwei Mitarbeiter des Filmverleihs. Wir begrüßen uns und kurz darauf erscheinen Regisseur, Kameramann und Schnittmeisterin. Man spürt ihre innere Anspannung, denn der Film enthält einige für die damalige Zeit kritische Seitenhiebe, die den Partei-Oberen nicht gefallen dürften. Dann betreten wir den Kinosaal. Während alle ihre Plätze einnehmen, gehe ich nach vorn zur Leinwand und befestige das an einem langen Stab befestigte Luxmeter. Mit Handzeichen signalisiere ich dem Vorführer, dass die Beleuchtungsstärke stimmt. Ein paar kurze Wortwechsel noch, dann gebe ich das Zeichen zum Start. Das Licht fährt langsam herunter, der Kinogong ertönt und der schwere Vorhang rollt zur Seite. Meine Kollegin zur Rechten zwinkert mir zu und drückt symbolisch die Daumen, während der Kameramann zu meiner Linken seine Lesebrille gegen eine Fernsichtbrille tauscht. Im Vergleich zu unseren diversen kleinen Vorführungen, ist jetzt das Kino-Feeling perfekt. Die Vorführung verläuft ohne Zwischenfälle und als das Licht angeht, liegen sich die Künstler bereits in den Armen. Wir verabschieden uns und wünschen einen guten Start für den Film.
Er sollte seine erste öffentliche Aufführung erst nach dem Ende der DDR erleben.

„Als wir vorhin über Farbbalance und das Farbsehen des Menschen sprachen, fiel mir ein Erlebnis ein, das in die ersten Monate meiner Tätigkeit als Lichtbestimmer fiel. Ich hatte die zweite Korrektur eines Kurzfilms beendet, vergaß aber die schriftliche Freigabe für die Kopierung.
Früh am nächsten Morgen erschien der Kameramann und ich stand also ohne Kopie da. Meine damalige Chefin nahm mich zur Seite und sagte, ich solle ihm doch einfach die vorige Korrektur noch einmal zeigen. Ich hatte zwar ein ungutes Gefühl, wusste aber zum Glück, dass die Änderungen nicht mehr sehr stark gewesen waren. Am Schluss der Vorführung meinte der Kameramann, es habe sich doch gelohnt. Von da an hatte ich keinen Eintrag im Freigabebuch mehr verpasst, wusste aber auch, wie leicht sich ein Auge täuschen lässt. Eine Tatsache, die ich später beim digitalen Colorgrading noch öfter bestätigt fand.
Nun sind wir schon mitten in der Praxis. Wir wollten aber zu Beginn den Weg der Filmrolle von der Kamera bis zum Kino verfolgen. Vielleicht sollten wir das an dieser Stelle tun.“
„Lass uns das auf morgen verschieben“, sagte Kalli. „Es ist schon wieder mal spät geworden.“
„Du hast recht“, sagte ich. „Schlag den nächsten Treffpunkt vor.“

„Als Kind war ich mit meinen Eltern oft am Müggelsee, was hältst du davon“, fragte Kalli.
„Eine gute Idee“, sagte ich. „Das schöne Wetter sollten wir ausnutzen.“
Am nächsten Morgen fuhr ich bei strahlendem Sonnenschein mit der S-Bahn

nach Friedrichshagen. Ich mochte den alten Gründerzeit-Bahnhof mit seinen gusseisernen Säulen. Zu Fuß lief ich die um diese Zeit noch ruhige Bölschestraße in Richtung Spreetunnel hinunter. Einige Straßencafés hatten geöffnet und Bauarbeiter saßen beim ersten Frühstück. Am Seeufer erwartete mich mein Schulfreund bereits.

„Die unterschiedlichen Stadtteile Berlins faszinieren mich immer wieder", sagte Kalli zur Begrüßung. „Ja", sagte ich. „Für die Taxifahrer war Berlin nach der Grenzöffnung allerdings schon eine Herausforderung."

Während wir den Spreetunnel passierten und den Uferweg entlanggingen, meinte Kalli: „Hier werden Erinnerungen an meine Kindheit wach."

Wir kamen schließlich am Restaurant *Rübezahl* an. Leider war es zu unserem Bedauern geschlossen. Es sah nach einer großen Sanierung aus. „Ein drolliger Name", sagte Kalli. „Ja", meinte ich. „Der ursprüngliche Wirt soll wohl so ausgesehen haben und so ist aus dem Volksmund letztlich der Name entstanden." Da wir jetzt keinen Stopp einlegen konnten, nahm ich beim Wandern, den Faden vom Vortag wieder auf.

„Eine gut korrigierte Filmkopie, die ihre Abnahme bestanden hatte, musste nicht zwangsläufig in jedem Kino gleich gut aussehen", begann ich. „Eine Xenonlampe im Projektor konnte herstellungsbedingt einen Farbstich, z.B. leicht grünlich haben. Kommt dann vielleicht noch eine vergilbte Leinwand oder eine geringe Lampenleistung hinzu, ist das Endergebnis mangelhaft. Auch wenn das Auge des Zuschauers, dem im dunklen Kinosaal eine farbliche Referenz fehlt, den Farbstich recht schnell herausfiltert, möchten Filmemacher verständlicherweise ihr Werk bei der ersten öffentlichen Vorführung so präsentieren, wie sie es bei der Abnahme erlebt haben. Zu diesem Zweck begibt man sich vorab zum betreffenden Filmtheater zur sogenannten Einsteuerung."

Es ist ein kalter Morgen an diesem Wintertag 1986 in Berlin. Wir treffen uns auf einem Parkplatz in der City um in das verschneite Gera zur Einsteuerung zu fahren. Wir, das sind Kameramann, Tontechniker, der Leiter des Filmverleihs und ich als Lichtbestimmer.

Nachdem die Filmkopie im Lada unseres Kameramannes verstaut ist, geht es auf die Autobahn. Unser Film soll in Gera seine Premiere haben und wir wollen schauen, ob die technische Ausstattung des dortigen Filmtheaters die Kopie genauso wiedergibt, wie unsere Kundenvorführung. Die Außentemperaturen liegen bei 12 Grad minus und wir sind froh, dass die kälteerprobte russische Technik unser Auto gut heizt. Vor dem Hotel, in dem wir unsere Zimmer bestellt haben, liegt hoher Schnee und während wir ausladen, baut der Kameramann die Autobatterie aus, um sie mit aufs Zimmer zu nehmen. Nichts ist schlimmer, sagt er zu uns, als einen Termin zu verpassen, weil das Auto nicht anspringt. Am nächsten Morgen gehen wir nach einem ausgiebigen Frühstück zu Fuß zum nahen Kino. Drinnen sind Tischler mit Bauarbeiten beschäftigt und gar nicht darüber erfreut, jetzt für eine Filmvorführung die Arbeit unterbrechen zu müssen. Als wir ihnen sagen, wir würden nicht die komplette Kopie anschauen, sind sie beruhigt. Es ist ein Kinderfilm, bei dem eine besondere Technik zum Einsatz kam. In die reale Handlung wurde ein Zeichentrick-Gespenst einbelichtet.

Zu diesem Zweck montierte man zwei Kameras vom Typ „Cameflex 35" der französischen Firma Eclair im Winkel von 90 Grad zueinander versetzt auf ein Stativ. Durch einen teildurchlässigen Spiegel konnten beide Kameras passgenau dasselbe Bild aufnehmen. Während die eine Kamera einen Farbfilm belichtete, wurde die andere Kamera mit Schwarzweißfilm bestückt, welcher dem Grafiker am Tricktisch als Positionshilfe für die Zeichenfigur diente. Im Einzelbildverfahren wurde dann der bereits belichtete Farbfilm mit der Trickfigur vereint.

Die von Erich Günter, einem Trickkameramann entwickelte Technik wurde in den 1980er Jahren zum Patent angemeldet.

Nach Ansicht des ersten Aktes können wir bereits zufrieden die Vorführung beenden und uns auf den Heimweg begeben. In der Nacht hatte es noch einmal kräftig geschneit und nachdem unser Kameramann die Autobatterie eingebaut hat, schieben wir mit vereinten Kräften den Wagen, dessen Räder heftig durchdrehen aus einer Schneewehe. Auf der Rückfahrt bemerkt unser Tonmann den Verlust seiner Mütze. Sie müsse wohl beim Anschieben verloren gegangen sein, meint er verstimmt. Seine Laune bessert sich erst, als er beim Aussteigen die zerdrückte Mütze sieht, auf der er die ganze Fahrt über gesessen hatte. Mit einem herzlichen Lachen gehen wir an diesem Tag auseinander.

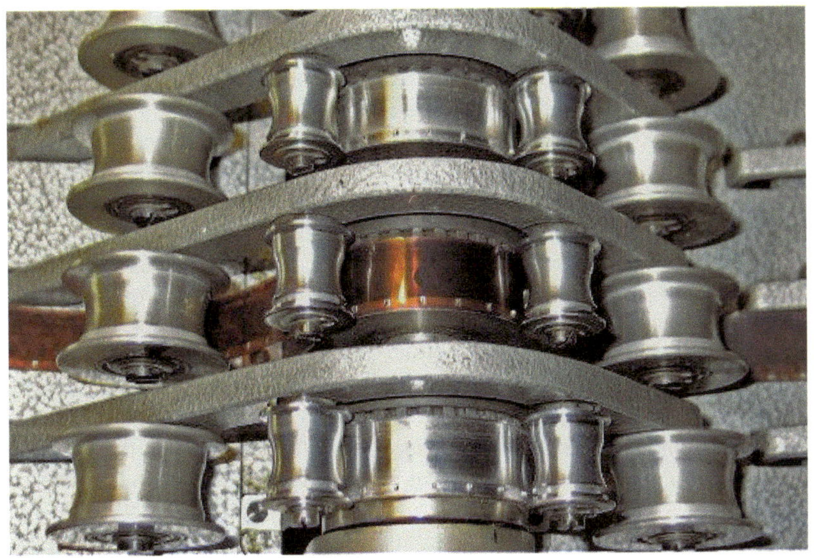

„Technik ist die Anstrengung, Anstrengungen zu ersparen. "
Baltasar Gracián y Morales (1601–1658)

„Hatte sich eine Produktionsfirma nach Kostenvoranschlägen für ein Kopierwerk entschieden, traf man zu ersten Absprachen zusammen. Da es bei uns damals nur das Muster-Kopierwerk in Babelsberg und das Zentrale Kopierwerk, das ZKW, in Berlin Ost gab, wurden die meisten Produktionen in diesen beiden Betrieben bearbeitet. Nur bei Drehs im Ausland oder in Übersee ließ man schon Mal die Negative vor Ort entwickeln. 1984 hatte ich einen Film bearbeitet, der zum Teil in den USA gedreht worden war. Die Muster wurden, wie dort üblich, auf *Kodak* Printfilm gezogen. Die große Ernüchterung setzte in Deutschland ein, als man auf das bei uns verwendete *Orwo* Positiv-Material zugreifen musste. Ich sehe noch die fassungslosen Blicke des Kameramannes vor mir, als er sagte, die ganzen Farbnuancen der Berge in den Fernsichten wären nicht mehr zu sehen.

Als ich die mitgebrachten Aufnahmen sah, konnte ich mich selbst davon überzeugen. Einen so direkten Vergleich hatte man ja selten.

In westlichen Kopierwerken konnte man zum Beispiel festlegen, ob man auf *Kodak*, *Fuji* oder *Agfa* kopieren lassen wollte, wobei für die Aufnahme fast immer *Kodak* Negativfilm zum Einsatz kam. Bei uns jedenfalls hieß damals der

Standard: Aufnahme auf NC3, Kopierung auf PC7 und nur für wichtige Produktionen wurden geringe Mengen *Kodak* Negativ bewilligt.

Ich erinnere mich noch gut an den schon erwähnten Kameramann für Medizinfilme. Er sagte mir mal, manche NC3-Chargen lägen nur bei 13° statt 21° DIN und er müsse aufpassen, seine Patienten nicht mit den Scheinwerfern zu verbrennen, weil das Material so unempfindlich war. Bei uns rechnete man damals nach der logarithmischen Skala in DIN, der Deutschen Industrie Norm und nicht, wie international üblich, in der linearen Skala ASA. 100 ASA entsprechen 21° DIN und 13° DIN sind 16 ASA. Die Mitte der 80er Jahre eingeführte Kennzeichnung ISO ist mit der ASA-Bezeichnung identisch.

War man sich mit der Kopierwerksleitung einig, konnte man mit den ersten Probeaufnahmen beginnen. Wichtig war zunächst das Kamera-Equipment. Es wurden alle verwendeten Optiken auf Schärfe getestet und der Bildstand überprüft. Sollten Filter zum Einsatz kommen, wurden auch damit Testaufnahmen gemacht. Zu stark gesoftete Aufnahmen zum Beispiel konnte man später nicht rückgängig machen. Drehte man einen Kostümfilm, wurden Garderoben und Make-up-Tests gemacht. Auch Spezialeffekte, wie beispielsweise Bleichbadüberbrückung oder Crossentwicklung, wurden diskutiert.

Waren die Testreihen beendet, verging einige Zeit bis zum Drehbeginn und das Material des ersten Drehtags ans Kopierwerk ausgeliefert werden konnte.

Je nach Budget und Zeitrahmen wurde ein Drehverhältnis festgelegt. Es besagt, wie oft eine Einstellung gedreht werden kann. Kleinere Produktionen haben meist ein Drehverhältnis von 1:5 bis 1:6, bei Hollywood Filmen ist 1:20 keine Seltenheit.

Das abgedrehte Material des Tages wurde nachts im Kopierwerk entwickelt und von den gewünschten Klappen die sogenannten Muster gezogen. Man nennt sie auch *Dailies* oder *Rushes*. Auf den mitgeschickten Drehberichten wurde vermerkt, welche Klappen benötigt werden. Man nannte sie Kopierer – im Gegensatz dazu gab es dann logischerweise die Nichtkopierer, auch als NK abgekürzt. Kopiert wurde mit einem Licht, bestenfalls mit grober Korrektur. Stellte man Aufnahmefehler, wie zum Beispiel Kamerafussel, Schrammen, Mikro im Bild oder Lichtschleier beim Prüfen fest, informierte man sofort den Drehstab. Lichtschleier deuten meist auf eine defekte Kassette hin. Schrammen entstehen durch Staubkörner, die sich am Bildfenster festgesetzt haben und auch Druckbelichtung genannt werden. Ein kurzzeitig im Bild auftauchendes Mikrofon kommt auch immer wieder mal vor, ebenso ein unbeabsichtigter Mikroschatten."

„Ich habe schon mal gesehen, wie artistisch der Mann mit dem Puschelmikrofon beim Film hantiert", sagte Kalli. „Ja", sagte ich. „Der Tonangler ist nicht zu unterschätzen. Er muss so dicht wie möglich ans Geschehen heran, damit so wenig unerwünschte Geräusche wie möglich mit aufgezeichnet werden, gleichzeitig darf das Mikro nicht ins Bild eintauchen. Er verwendet Mikrofone mit Richtcharakteristik an der Angel und der Windschutz wird von ihm meist scherzhaft ‚Tote Katze' oder ‚Hund' genannt. Bei den modernen digitalen Filmkameras sind viele der genannten Fehler, außer Mikro im Bild, natürlich nicht mehr möglich."

„Im Schneideraum konnte man dann mit dem Ausmustern beginnen. Von den Kopierern wählte man die beste Klappe aus, die restlichen wurden ausgemustert und für eine eventuelle spätere Verwendung abgelegt. War der letzte Drehtag angebrochen, erwartete man am Set sehnsüchtig den Befund vom Kopierwerk. Kam das erlösende i.O., konnte man abbauen und abreisen. Auf Schauspieler und Mitarbeiter kamen nun neue Aufgaben zu, und für Regisseur und Cutterin begann die Arbeit am Schneidetisch.

Die Cutterin, bei uns damals noch Schnittmeisterin genannt, beschriftete die Szenen mit weißem Fettstift, wobei das Feld mit der geschlossenen Klappe ein Kreuz bekam. Der auf perforiertem Magnetband überspielte O-Ton bekam an der akustischen Stelle des Klappenschlags ebenfalls ein Kreuz und konnte damit am Schneidetisch synchron zum Bild angelegt werden.

Da es damals noch keine DAT-Recorder gab, war das Aufnahmemedium für den Ton am Set 6,25 mm breites Tonband, welches umgangssprachlich Schnürsenkel genannt wurde. Man prägte dem Band zusätzlich zur Tonaufzeichnung einen von der Kamera erzeugten sogenannten Pilotton auf und sorgte damit für eine ausreichende Synchronität zwischen Bild und Ton. Es war wie eine unsichtbare Perforation. Später wurden die Geräte quarzgesteuert. Das transportable Tonbandgerät, welches weltweit zum Einsatz kam, wurde von einer Schweizer Firma unter dem Namen *Nagra* vertrieben. Konstrukteur war Kudelski, ein polnischer Ingenieur.

Zu Unrecht gab man dem Ton beim Film eine untergeordnete Bedeutung und auch in unserer Firma fragte der Tontechniker oft nach einer Reparatur ob alles OK sei – und sagte grinsend: Ja, ich weiß schon, der Ton hat überhaupt nicht gestört.

Neben dem parallel zur Kamera aufgenommenen Ton benötigte man für die spätere Mischung noch diverse Sounds. So zum Beispiel NT`s, wie Nur-Töne genannt wurden. Das sind Geräusche vom Drehort, die ohne laufende Kamera aufgenommen werden. Dann gibt es noch die ‚Atmo' genannten Hintergrundgeräusche, die der Tonmann meist nach Drehschluss einfängt, wenn keine Hektik mehr am Set herrscht. Da zu einem Film die passende Musik gehört, beauftragte man einen Komponisten damit.

Alle großen Filmnationen hatten damals eigene Filmorchester.

Bei der Ton-Postproduktion, zu Deutsch also Nachbearbeitung, erfolgte dann die Mischung unter Leitung des Mischtonmeisters. Spezielle Geräusche entnahm man einem Geräusche-Archiv oder beauftragte einen Geräuschemacher. Der Zeitaufwand war sehr hoch und auch heute noch rechnet man grob einen Arbeitstag für eine Minute Film."

„Wie viel Zeit brauchte man eigentlich für eine Filmkorrektur?", fragte Kalli. „Stimmt", sagte ich, „darüber haben wir noch gar nicht gesprochen. Für einen Spielfilm begann früh um 9 Uhr die Ansicht der ersten Korrektur mit dem Kameramann. Da Kameramänner oft bis spät in die Nacht beschäftigt sind, wollte man nicht zu früh anfangen. Gegen Mittag war man mit der Ansicht und den Absprachen in der Vorführung fertig und konnte nach der Mittagspause mit dem Korrigieren beginnen. Man schaffte dann im Allgemeinen zwei Akte und korrigierte die verbleibenden drei Akte am nächsten Tag. Am dritten Tag war dann die Ansicht der zweiten Korrektur, die wiederum am vierten Tag beendet wurde. Bis die erste Kopie, die im günstigsten Fall die Abnahmekopie wurde, gezeigt werden konnte, vergingen im Allgemeinen zwei bis drei Wochen. Dazwischen wurde das Dup-Positiv gezogen, die Grundlage für Dup-Negative und als Sicherheit."

Wir waren inzwischen auf unserer Wanderung am Hotel Müggelsee angekommen und Kalli blickte übers Wasser. „Hier soll in den 30er Jahren das Flugboot *Dornier DO X* gelandet sein." „Ja", sagte ich. „Es war seinerzeit das größte Flugzeug der Welt. Mein Vater hat es noch gesehen und geriet ins Schwärmen, wenn er vom Geräusch der zwölf Motoren sprach. Er war sehr an Technik interessiert und hatte bei mir schon als Kind die Begeisterung für die Fotografie geweckt. Er selbst hatte bereits in der Schulzeit einen kleinen 35-mm-Projektor mit Handkurbel und als junger Bursche ein eigenes Labor mit Dunkelkammer. Sein zweites Hobby war das Motorrad. Meine Mutter war in ihrer Jugendzeit eine begeisterte Kinogängerin und versäumte mit ihren Freundinnen keinen UFA-Film. Aus ihren Erzählungen kannte ich bald alle Inhalte und die Namen der Schauspieler. Diese Mischung war wohl mit Schuld an meinem Weg zum Film."

„Bei mir war es ähnlich", sagte Kalli. „Meine Familie war immer im Druckereigewerbe. Mein Urgroßvater war Lithograph, also Steindrucker, mein Großvater Schriftsetzer und später Werkstattleiter und meine Eltern und ich sind Redakteure geworden." „Du hast also bei der Arbeit das Medium nicht mehr in die Hand genommen", schmunzelte ich. „Bei uns gab es immer ein geflügeltes Wort: Wer beim Film Geld verdienen will, darf ihn nicht in die Hand nehmen."

„Das glaube ich, dass man erst vor der Kamera richtig gut verdienen kann", meinte Kalli. „Aber sag mal, hat denn euer Sohn denselben Weg eingeschlagen?" „Nein", sagte ich. „Er ist Elektroniker in der Nachrichtentechnik geworden. Aber eine kurze Zeit, bis zur Wende, arbeitete er bei uns als Messtechniker und hat also dadurch auch etwas vom Kopierwerksleben mitbekommen. Da meine Frau zu der Zeit ebenfalls mit

Schnittarbeiten bei uns beschäftigt war, witzelte man schon, ob man die Firma nicht umbenennen sollte. Wie ist es denn mit deinem Nachwuchs?"

„Meine Töchter haben andere Wege eingeschlagen", sagte Kalli. „Die Ältere lebt mit ihrem Mann in Kalifornien und unsere Jüngste arbeitet in der Modebranche. Aber ich glaube, wir haben uns jetzt ganz schön vom Thema entfernt."

Vom Hotel Müggelsee aus verließen wir den Uferweg und wanderten weiter in Richtung Müggelturm.

„War der künstlerische Schnitt fertig, konnte die Schnittkopie ans Kopierwerk geschickt werden", nahm ich den Faden wieder auf. „Der Schneidetisch, an dem gearbeitet wurde, hatte meist sechs Filmteller, wobei je drei für Auf- und Abwicklung der Filmrollen und Perfos gedacht war. In der Mitte hinten befand sich ein Bildschirm mit Mattscheibe, auf den das Bild mit Hilfe eines Prismenkranzes projiziert wurde, und vorn auf dem Tisch war die Arbeitsfläche mit Opalscheibe und Unterlicht. Diverse Umlenk- und Zahnrollen sorgten für einen synchronen Lauf aller eingelegten Bänder. Von mehreren Motoren angetrieben, konnte man sehr feinfühlig vor- und rückwärts steuern. Beliebt waren die Tische der Hamburger Firma *Steenbeck*. Die Aufgabe der Negativ-Abzieherin im Kopierwerk war jetzt, die benötigten Szenen des Negativs nach Klappennummer rauszusuchen und entsprechend der Schnittkopie aneinanderzukleben. Die Abziehtische waren etwas einfacher gehalten als die Schneidetische und hatten oft eine senkrechte Rollenführung. Dieser sogenannte Negativschnitt erforderte viel Feingefühl und Übung. Meine Frau hat viele Jahre lang diese Tätigkeit ausgeübt. In der Negativkleberei, oft auch Nevo genannt, arbeiteten ausschließlich Frauen. Ihr Handwerkszeug war Filmleim, Klebelade und Schabemesser. Geschnitten wurde auf dem Bildstrich und mit dem Messer darauf ein schmaler Streifen der Filmschicht abgeschabt. Auf der zu verklebenden Szene schabte man die entsprechende Blankseite an. Nach dem Auftragen des Filmleims wurden beide Filmhälften in der Klebelade einige Sekunden bis zum Trocknen zusammengehalten. 1960 führte *Geyer* den Filmhobel ein, der das Schabemesser überflüssig machte. Für den 35-mm-Positivschnitt galt die Regel: Kopf Schicht, Fuß blank und für das Negativ: Kopf blank, Fuß Schicht. Zum leichteren Merken sagte man den Lehrlingen, ein Negativ wird Glatze geklebt. Das Kleben wurde umgangssprachlich als Schneiden bezeichnet. Man sprach deshalb auch vom Zusammenschnitt." „Warum gab es Unterschiede zwischen Positiv- und Negativschnitt?", wollte Kalli wissen.

„Das hängt mit der Laufrichtung des Films in der Maschine zusammen", sagte
ich. „Im Projektor zum Beispiel läuft der Film kopfstehend, mit der Filmschicht
zum Lampenhaus. Man sagte auch Schicht zum Licht. Da eine Klebestelle immer
eine Stoßkante hat, war sie dadurch auf der vom Bildfenster abgewandten Seite.
Man verringerte damit die Gefahr des Aufgehens während der Projektion.

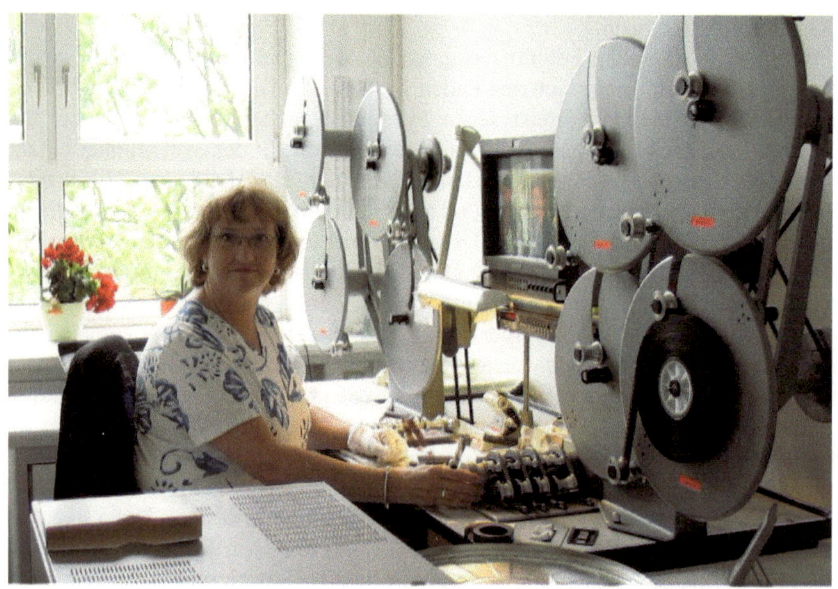

Waren die Rollen des Bildnegativs geschnitten und kopierfertig gemacht,
konnten sie der Lichtbestimmung übergeben werden. Dort suchte man dann am
Coloranalyzer einen Rollenanfang, der sich vom Motiv her zum Proben eignete.
Günstig waren Szenen mit Personen im Bild unter normalen Lichtverhältnissen.
Während die einzelnen Rollen korrigiert wurden, legte man anhand der
Proberolle das sogenannte Vorfilter fest. Bei subtraktiv arbeitenden Maschinen
war das eine Filterkombination aus Gelatinefolien, die in einen dafür
vorgesehenen Schacht gesteckt wurde.
Bei additiv arbeitenden Maschinen eine Trimmer-Einstellung. Für die ersten
Proben kopierte man zwei Meter und wertete am Lichtkasten aus. Die Freigabe
der ersten Korrekturen erfolgte dann nach Ansicht einer zehn-Meter-Probe in der
Vorführung. Wenn wir Lichtbestimmer einen Büchsenstapel auf einer Hand
balancierend in die Vorführung trugen, wussten die Vorführer, dass es sich nur
um Proben handeln konnte. Sie unterdrückten ein Stöhnen, weil eine Probe,
kaum eingelegt, schon durchgelaufen war.

Waren die Korrekturarbeiten erledigt, wurden die Negative vor dem Kopieren in einer Ultraschall-Waschmaschine von *Lipsner & Smith* gereinigt. Eine andere Methode war das Putzen der Negative von Hand, indem die Filmrollen durch einen mit Trichlorethylen getränkten Samtlappen liefen. Wir hatten damals zwei ältere Damen, die ausschließlich am Umrolltisch nach letzterer Methode reinigten.

Obwohl über den Tischen Abluftanlagen hingen, gingen natürlich Dämpfe in die Raumluft und wenn wir unsere beiden Kolleginnen in der Kantine trafen, hatten sie immer ein glückliches Lächeln auf dem Gesicht.

Nachdem ein Film die Korrekturphasen bis zur Abnahme durchlaufen hatte, konnte die Massekopierung beginnen. Geprüft wurde in der Vorführung auf der Leinwand, indem zwei Rollen gleichzeitig parallel nebeneinander liefen und der Prüfer stichpunktartig den Ton umschaltete. In den 70er Jahren kamen dann Prüftische zum Einsatz, an denen man mit dreifacher Geschwindigkeit prüfen konnte. Man schaffte in einer Schicht ca. 18000 bis 20000 Meter Film."

„Dann hat ein Prüfer also tagelang ein- und denselben Film anschauen müssen?" fragte Kalli.

„Ja", sagte ich. „Er konnte am Schluss alle Dialoge mitsprechen. In der Positivkleberei wurden die Kopien komplettiert und zur Expedition geschickt. Von dort aus gingen sie dann zum Kunden. Bei Spielfilmen war das der Filmverleih, der sie dann an die einzelnen Bezirke auslieferte.

Eine Sonderstellung nahm der Augenzeuge ein. Eine überwiegend politische Wochenschau in Schwarzweiß. Er erschien mit einer Länge von 15 Minuten einmal wöchentlich in einer Auflage von ca. 300 Kopien und wurde 1980 eingestellt. Geprüft wurde er im Schnellverfahren an normalen Umrolltischen. Man achtete am Unterlicht dabei nur auf die Synchronmarken und eventuelle Schleierstellen aus der Entwicklung.

Der Alltag im Kopierwerk war natürlich nicht frei von Pannen und Missverständnissen. Es gab Filmrisse in der Entwicklung, Schleimfehler, Verschrammungen an Maschinen, Rollenverwechselungen und Auslieferungen ohne oder mit falschem Ton, Kopierfehler durch falsches Vorfilter und Lichtschleier durch Streulicht.

Bestimmte Fehler konnte man reparieren. So ließen sich feine Schrammen auf der Blankseite des Films durch Blankieren beseitigen. Dabei wird der Schichtträger angelöst und der Film über eine große Glaswalze geführt. Eine andere Methode nannte sich Anspülblankieren, bei der nur die Kanten der Schramme gebrochen wurden. Schrammen auf der Schichtseite versuchte man durch Einweichen des Films und Aufquellen der Gelatine zu beseitigen. Beim Einweichen bestand immer die Gefahr von Farbveränderungen in den Szenen, die eine Nachkorrektur erforderlich machten. Eine ganze Abteilung war bei uns mit der Ersatzbearbeitung beschäftigt."

„Das klingt so, als wären wir fast am Ende der klassischen Filmbearbeitung angekommen", sagte Kalli.
„Man könnte vieles noch vertiefen, aber das *IMAX*-Verfahren sollten wir noch erwähnen", sagte ich.

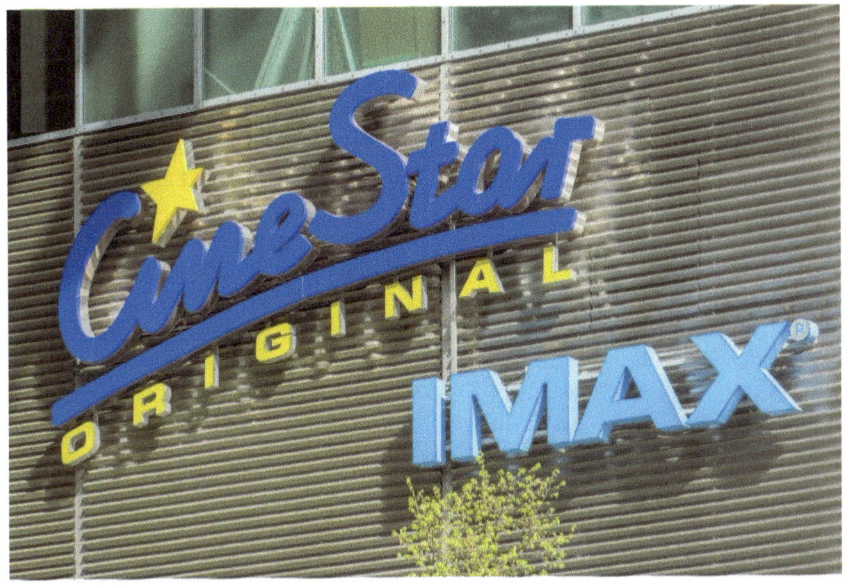

„Es besteht der Verdacht, daß die ganze moderne Kunst von Nebenwirkungen
lebt. Die Schauspielerei von Mängeln, die Musik von Nebengeräuschen. "
Karl Kraus (1874–1936)

„Beim *VistaVision*-Verfahren nutzte man, wie bereits erwähnt, herkömmliches
35-mm-Filmmaterial für die Aufnahme und erreichte die hohe Bildqualität durch
die Belichtung des größeren Bildes längs zur Laufrichtung des Films," begann
ich. „Der naheliegende Gedanke, dieses Prinzip auch beim 70-mm-Film
anzuwenden, führte zur Entwicklung des *IMAX*-Verfahrens. Graeme Ferguson,
Roman Kroitor und Robert Kerr aus Kanada gründeten 1967 die *IMAX-*
Corporation. Mit einer Negativbildgröße von 70,41 x 51,61 mm und einer
Perforation von 15 Löchern pro Bild ist *IMAX* von den für die Kinematografie
entwickelten Filmformaten das größte. Das längs zur Filmlaufrichtung
aufgenommene Bild hat die dreifache Größe des 70-mm-Films und sein
Seitenverhältnis entspricht fast dem klassischen 4:3-Format.
Vorgestellt wurde es erstmals auf der Weltausstellung 1970 in Osaka und das
erste Kino entstand 1971 in Kanada. Das 1997 nahe dem Potsdamer Platz in
Berlin erbaute *Discovery Channel IMAX* wurde, bis zur Schließung im Jahre
2006, das weltweit erfolgreichste *IMAX*-Kino.

Im Jahre 2000 eröffnete das *CineStar* im Sony Center am Potsdamer Platz.

Im Zweibandverfahren projizierte man ein dreidimensionales Bild in überwältigender Qualität.

Man ging völlig neue Wege im Projektorenbau. Auf einem Luftkissen lief der Film durch eine sogenannte Rolling-Loop-Trommel von ca. 1 m Durchmesser. Für die Projektion wurde das Filmbild mittels Vakuums gegen eine Glasscheibe gesaugt und mit Sperrgreiferstiften stabilisiert. Da man inzwischen Polyester als Filmunterlage verwendete, waren Filmrisse kein Thema mehr.

In einem Zwillingsprojektor wurden beide Trommeln horizontal übereinander angeordnet und miteinander gekoppelt. Die übereinander stehenden Objektive projizierten so vom oberen Filmstreifen die Bilder für das rechte Auge und vom unteren Filmstreifen die Bilder für das linke Auge. Die Trennung der aufeinander projizierten Bilder erfolgte anfangs mit Hilfe von Shutterbrillen und ab 2007 mit den leichteren Polarisationsbrillen. Da der Film von Wickeltellern frei durch den Projektorraum zu den Maschinen geführt wurde, sorgten PTR-Rollenpaare für eine Reinigung von losem Staub.“

„Wurde Polyester als Filmunterlage erst beim *IMAX*-Verfahren eingeführt?“, fragte Kalli.

„Nein“, sagte ich. „Bereits seit den 1960er Jahren verwendete man zum Teil schon Polyester als Schichtträger. Es gab nur einige Besonderheiten bei der Bearbeitung. Beim klassischen Filmschnitt, strich man Filmleim auf die angeschabten Schnittkanten und in der Klebelade verschmolzen die durch den acetonhaltigen Leim angelösten Filmenden miteinander. Polyesterfilm kann man nur mit speziellen Geräten verschweißen oder mit Band kleben. Eine große Stärke von PE, wie er bei uns abgekürzt wurde, nämlich seine Reißfestigkeit, konnte in der Praxis auch schon mal verhängnisvoll werden. Ein Wickelfehler an der Entwicklungsmaschine führte bei uns einmal zum Filmstau. Da das Filmmaterial nicht riss, kam es zum Maschinenschaden in Form von verbogenen Achsen der Führungsrollen. Unabhängig von solchen seltenen Fällen ist PE-Film maßhaltiger und ideal zum Archivieren, da es keine chemische Zersetzung und keine Probleme mit Bakterienbefall gibt.“

An dieser Stelle beendeten wir unser Gespräch und begaben uns auf die Heimfahrt.

Während der Bahnfahrt blickte ich aus dem Fenster und die vorbeiziehende Landschaft vermischte sich mit Bildern aus meiner Erinnerung.

– 1967, es ist einer dieser Frühlingstage die schon einen Vorgeschmack auf den Sommer geben. Die Morgensonne scheint und die Luft ist klar. Ich steige aus dem Zug, um den Weg in Richtung Kopierwerk einzuschlagen. Bereits auf der Bahnhofstreppe erste Begrüßungen mit Kollegen. Dann am Ausgang teilt sich die Gruppe in „Busfahrer" und Fußgänger. Auf der schmalen Straße, die durch ein Wohngebiet zum Hintereingang des Werkes führt, hakt sich ein Arm bei mir ein. Eine junge Kollegin hat mich eingeholt und fragt aufgeregt, ob ich gestern auch im Radio „A Whiter Shade of Pale" gehört hätte. Die Band hieße „Procol Harum" und wäre der Wahnsinn. Ich hatte den Titel natürlich auch gehört und während wir darüber sprechen fährt unser „Einweicher" an uns vorbei. Es ist der Kollege, dessen einzige Aufgabe es ist, an einer speziellen Entwicklungsmaschine verschrammte Negative nachzubehandeln. Er ist kurz vor dem Rentenalter, fährt ein altes Moped und trägt dabei stets seine Fliegerkappe, deren offene Lederriemen lustig im Fahrtwind flattern. Kurz danach hupt ein Auto und der Chauffeur unseres Direktors winkt uns im Vorbeifahren aus seinem „Tatra" zu. Er will uns mitnehmen, aber wir winken lachend ab. Zehn Minuten später gehen wir durchs hintere Werktor, stempeln unsere Karten und stehen auf dem Gelände, auf dem 26 Jahre später eine einsame Planierraupe und ein übriggebliebenes Gebäude an vergangene Zeiten erinnern werden. –

Eine Bahnhofsdurchsage holte mich aus meinen Gedanken zurück und Kalli sagte beim Verabschieden: „Du warst eben sehr weit weg, stimmt's?" „Entschuldige", gab ich zu. „Manchmal kommen halt alte Bilder wieder hoch."
„Kann ich verstehen, es geht mir auch oft so," bestätigte Kalli. „Ich freu mich auf morgen, Thomas!"
Auf meinem Heimweg kamen die Bilder wieder.

– Der Sommer ist jetzt da, Spätschicht, und wir machen eine Pause vom Prüfen des „Augenzeugen". Augenzeugen rollen, wie wir es nennen, denn die Kopien werden nur an Tischen mit Unterlicht durchgerollt. Wir gehen zu viert über die Brücke zum großen Speisesaal. Durch die geöffneten Fenster scheint die letzte Abendsonne, eine Gardine weht im Wind und am Klavier auf der Bühne sitzt Stephan, ein Filmvorführer. Unter seinen Händen erklingt das „Warschauer Konzert". Er spielt es ohne Noten und freut sich über uns dankbare Zuhörer. Wir sparen nicht mit Applaus, er setzt sich zu uns und erzählt vom Kino der 30er Jahre und dass er in drei Jahren Rentner ist und nach Westberlin umsiedeln wird. Dann nehmen wir einen letzten Zug aus unseren Zigaretten und gehen zurück an unsere Prüftische. Die Berliner Mauer ist sechs Jahre alt. –

Am darauffolgenden Tag trafen wir uns auf Kalli´s Wunsch im *Café Einstein*.
„Wir haben, als wir über das IMAX-Kino sprachen, das dreidimensionale Filmerlebnis gestreift", sagte Kalli. „Wie siehst du die Zukunft in Richtung 3D?"
„Ich sehe eine große Chance aber auch eine große Gefahr", sagte ich. „Die große Chance liegt darin, dass wir mit den uns heute zur Verfügung stehenden Mitteln die Unzulänglichkeiten der vergangenen Jahrzehnte überwinden können. Die Gefahr liegt darin, dass die technischen Möglichkeiten unzureichend genutzt werden und das Endprodukt nur auf den Gewinn an der Kinokasse ausgerichtet wird. Man kann einen klassischen Spielfilm, bei dem es nur um Farbgestaltung und Helligkeiten geht, kaputt korrigieren, wenn sich alle Beteiligten uneinig sind. Umso schlimmer ist es bei einem 3D-Grading, bei dem die Stereokorrektur, das sogenannte Depth-Grading, hinzukommt.
Ich habe die Anfänge miterlebt und noch die Stimme meines Kollegen im Ohr, der sagte, ich hoffe dieser Elch geht an uns vorbei!"
„Das anfallende Datenvolumen ist sicher auch ein Problem", meinte Kalli. „So ist es", sagte ich. „Es ist die doppelte Menge im Vergleich zum 2D-Film. Aber schauen wir einmal, woran die vorangegangenen Versuche gescheitert sind."

9. Kapitel   Der plastische Film – 3D-Kino – Klappe die 4.

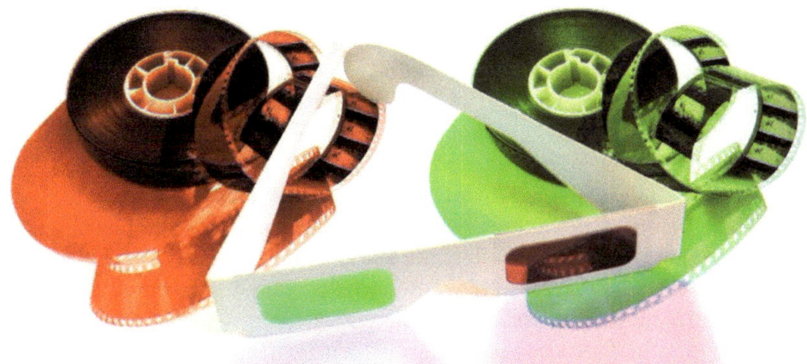

„Was bisher nur quer über die Leinwand wackelte, setzt sich dem zahlenden Gast sozusagen auf den Schoß."
(Werbetext zum Film „Liebe in 3 Dimensionen")

Der Raumton hatte beim Film schon frühzeitig für Furore gesorgt. Der 70-mm-Film mit seinem 6-Kanal-Verfahren ist ein gutes Beispiel dafür. Für ein gutes 3D-Bild auf der Leinwand gelten allerdings völlig neue Anforderungen an die künstlerische Umsetzung. War bisher die lange Brennweite ein beliebtes Mittel, um die Darsteller scharf aus dem unscharfen Hintergrund herauszustellen, erwartet ein 3D-Zuschauer, wie in der Realität, ein von vorn bis hinten scharfes Bild. Der Kinobesucher hat dadurch die Möglichkeit, sich auf den Teil der Szene zu konzentrieren, die ihn am meisten interessiert. Praktisch lässt sich das natürlich nur vereinzelt realisieren und man muss als Zuschauer mit Unschärfen leben, da der Regisseur uns nach wie vor auf den wichtigen Teil der Szene lenken will. Auch wenn wir im digitalen Kino-Zeitalter vieles verbessern konnten, was bei den vielen vorangegangenen Versuchen Probleme bereitete, ohne Brille läuft, wie damals, nichts.

Bereits bei den ersten Versuchen war man sich darüber klar, dass man die Informationen für das linke und das rechte Auge voneinander trennen und das Gehirn diese, wie beim normalen Sehprozess, zu einem Raumeindruck verschmelzen muss. Stereo für Einäugige gibt es also nicht.

Anaglyphen-Verfahren oder auch Rot-Grün-Technik nannte sich das erste praktikable Prinzip, mit dem 1922 der erste abendfüllende Spielfilm entstand. Der rot eingefärbte Filmstreifen war für die Bildinformation linkes Auge zuständig und der grün eingefärbte Filmstreifen für die Bildinformation rechtes Auge. Beide Streifen projizierte man übereinander und darin lag auch die

Schwachstelle begründet. Die Teilbilder ließen sich durch die Rot-Grün-Brillen nur unzureichend trennen und es entstanden Geisterbilder. Dass es sich nur für eine Schwarzweiß-Wiedergabe eignete, wird in den 1920er Jahren noch niemanden gestört haben, aber unruhige Bilder und ungenügende Kanaltrennung ließen das Interesse beim Publikum schnell schwinden.

Der zweite Anlauf in Richtung 3D-Kino stand in den 1950er Jahren bereits unter dem Konkurrenzdruck des aufkommenden Fernsehens. Der Raumfilm sollte also wieder mal der Retter in der Not werden.

Das Anaglyphen-Verfahren, soviel war klar, kam nicht in Frage und man entwickelte bereits Brillen mit elektrisch betriebenen Schwingblenden. Eine andere Erfindung sollte der 3D-Technik starke Impulse geben, die sogenannten Flächenpolarisatoren. Praxisreif wurden sie durch *Bernauer-Zeiss* und *Käsemann* in Deutschland und *Land* in den USA.

Es handelt sich hierbei um Filter, die vor den Projektionsobjektiven befestigt wurden. Die Schwingungsrichtung des Lichtes beider Projektoren wurde dabei um 90 Grad gegeneinander versetzt. Die Brillen für die Zuschauer hatten nun ihrerseits Polfilter, die durch ihre Filterposition nur das Bild für das jeweilige Auge durchließen. Einzige Bedingung war, anstelle der klassischen Leinwand jetzt eine Silberwand zu verwenden. Sofort wurden klingende Namen wie *Natural-Vision, Veri-Vision, Naturama* u.a. eingeführt. Diese Verfahren unterschieden sich im Wesentlichen nur dadurch, ob beide Teilbilder auf einem oder auf zwei Filmstreifen aufgezeichnet wurden. Bekannte Filme, die in diesem Zeitraum entstanden, waren *Dwana Devil, Der Mann im Dunkel* und *Mörder ohne Maske.*

Nachdem der Reiz des Neuen abzuflauen begann, auch weil viele Kinobesucher auf Grund technisch mangelhafter Vorführungen Kopfschmerzen bekamen, schlief die 3D-Technik ein.

Der dritte erfolglose Anlauf begann in den 1980er Jahren. Bekanntestes Beispiel aus dieser Zeit ist der Film *Der weiße Hai 3D* von 1983. Selbst die kurz zuvor produzierten Softpornos brachten nicht den gewünschten Erfolg an den Kinokassen. 3D blieb nun die Domäne des IMAX-Kinos".

„Ich habe *Avatar* im Kino gesehen und muss sagen, es hat mich schon begeistert", erinnerte sich Kalli. „Ja", sagte ich, „hier konnte das digitale Kino seine Stärken voll ausspielen. Ich weiß noch, wie wir in der Firma auf 3D eingestimmt wurden."

– Auf meinem Arbeitsplatz neben dem Grading-Pult steht, wie zufällig abgestellt, ein Pappkarton in dem circa 20 sogenannte Shutterbrillen kreuz und quer liegen. Es ist früh am Morgen und für heute haben sich keine Kunden angesagt. Mein Kollege tritt hinzu und meint, das sieht verdammt nach 3D aus. „Richtig erkannt!", kommentiert unser Abteilungsleiter, der inzwischen hinter uns steht. „Ich habe letzte Nacht eine 3D-Software implementiert und wir können uns mal einen ersten Eindruck von dem verschaffen, was auf Euch zukommen wird."
Er zeigt auf einen oberhalb der Leinwand angebrachten Infrarotsignalgeber, der seine Impulse von unserem Barco-Beamer erhält. Diese Impulse steuern die batteriebetriebenen Shutterbrillen, die wir inzwischen über unsere normalen Brillen gezogen haben. Wenn der Beamer nun das linke Bild projiziert, ist unser rechtes Brillenglas dunkel geschaltet, beim rechten Bild analog das Linke. Der Beamer arbeitet nun mit 48 Bildern pro Sekunde." –

„So ähnlich muss es doch auch mit den vorhin erwähnten Schwingblendenbrillen funktioniert haben", unterbrach mich Kalli. „Das stimmt", sagte ich. „Allerdings mussten die nicht gerade leichten Brillen über ein Kabel mit Strom versorgt werden und waren dadurch für große Kinos unbrauchbar. Jedenfalls erlebten wir an diesem Morgen den ersten 3D-Trailer auf unserer hauseigenen Leinwand. Es ist immer wieder faszinierend, wenn ein Raum, den man täglich betritt, plötzlich eine ungeahnte Tiefe bekommt. Ein paar Tage später dann die erste Schulung. Wir sitzen mit unseren Shutterbrillen an den Reglern des Grading-Pults und dürfen die Möglichkeiten und Grenzen der Tiefenkorrektur austesten. Zur Verfügung steht uns ein kleines Test-Filmchen von ca. 20 Szenen. Es sind ruhige Stadtansichten mit toller Tiefenstaffelung, hektische Szenen mit Menschenmassen und Szenen mit Radfahrern, die durchs Bild rauschen. Wir versuchen, ein Gefühl für die richtige Perspektive zu entwickeln und stellen fest, dass unser bisheriges Berufsleben der Farbharmonie gewidmet war. Die vielen zusätzlichen grafischen Arbeiten, die in den letzten Jahren hinzu kamen, hatten unser Tätigkeitsfeld stark erweitert und nun sollte auch noch das 3D-Grading dazukommen. Wir schätzten, der Zeitaufwand gegenüber einer 2D-Korrektur würde sich mindestens verdreifachen. Nachdem wir etliche Szenen zum wiederholten Male auf Anfang gefahren und andere Parameter ausprobiert hatten, stellten sich bei einigen von uns Symptome einer leichten Seekrankheit ein und wir waren froh, als es Zeit für die Mittagspause war.
Einige Wochen später erfolgte dann die Umrüstung unserer Gradingsuite auf Silberleinwand und Polarisationsbrillen. In den Kinos war der niedrigere Preis der Polarisationsbrillen und deren höherer Tragekomfort der entscheidende Grund dafür, sich gegen die teuren batteriebetriebenen Shutterbrillen zu entscheiden.
Einzig die Silberleinwand verursachte nochmals Zusatzkosten für die

Kinobetreiber."

„Ich bin jedenfalls gespannt, wie lange der Trend anhält", schmunzelte Kalli. „Ich auch", sagte ich. „Sorgen macht mir aber eine Entwicklung, die sich seit kurzem abzeichnet, das ist die digitale Nachbearbeitung alter 2D-Filme, um mit Hilfe von Algorithmen am Computer ein künstliches 3D-Bild zu errechnen. Es ist eine Technologie, die von vornherein zum Scheitern verurteilt ist. Ein echter 3D-Film braucht eine eigenständige Kameraführung und Schnittechnik. 2D-Filme mit kurzen Schnitten und schnellen Fahrten können nach dem Umrechnen nur zu unbefriedigenden Ergebnissen führen. Man hofft, auf diese Weise ein zweites Mal mit alten Filmen Kasse zu machen."

„Und wer mit so einem Film seinen Einstieg ins 3D-Kinoerlebnis hat, sagt dann, 3D ist doch Käse, brauch ich nicht", meinte Kalli. „Das befürchte ich auch", sagte ich.

„Was ist unser nächstes Thema – ich vermute mal, es wird das Fernsehen sein, oder?"

„Ja, während wir bisher über die Filmbearbeitung für das Kino sprachen, müssen wir uns jetzt mit der Bearbeitung von Fernsehfilmen befassen", begann ich. „Ein wenig Historie sei vorausgeschickt."

10. Kapitel Das Fernsehen – kleiner Bruder und ewiger Konkurrent des Kinos

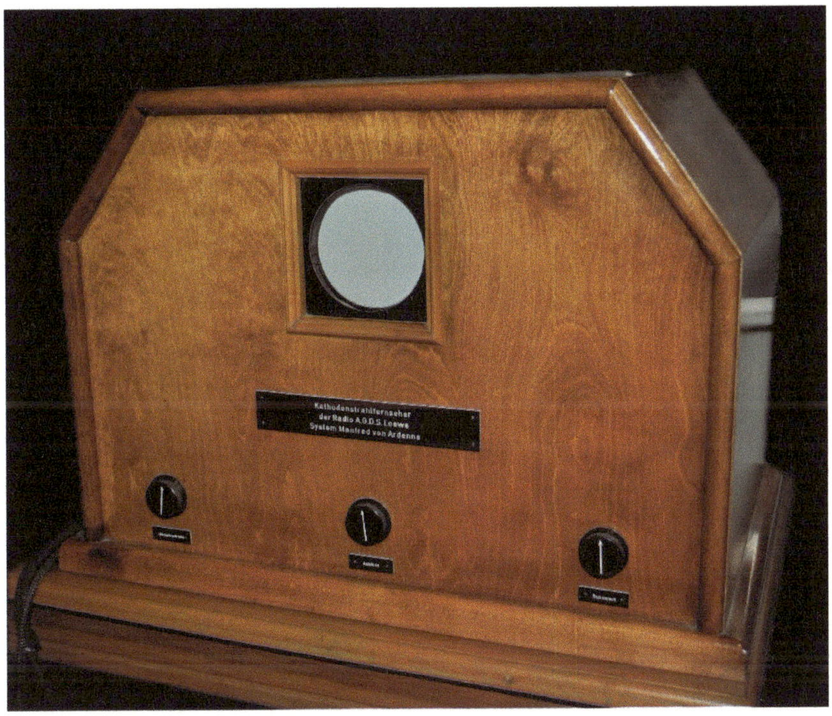

„Neues, noch nie Dagewesenes bahnt sich an. Das Fernsehen!"
Berliner Zeitung 1929

„Das Wort Fernsehen wurde erstmals bereits 1890 vom deutschen Chemiker und Fotografen *Eduard Lisegang* geprägt. Ehe es zu dem wurde, was wir heute unter Fernsehen verstehen, musste viel Pionierarbeit geleistet werden. Männer wie *Paul Nipkow, Ferdinand Braun, John Baird, Vladimir Zworykin, Manfred von Ardenne* und *Walter Bruch,* um nur einige zu nennen, schufen dafür die Grundlagen.

Wie so oft, waren die Ideen der praktischen Realisierbarkeit weit voraus und wie bei der Tonaufzeichnung arbeitete man zunächst an mechanischen Lösungen. 1884 ließ sich *Paul Nipkow* eine Runde, mit spiralförmig angeordneten Löchern versehene Scheibe patentieren. Mit ihrer Hilfe sollte ein Bild zeilenweise abgetastet und auf der Empfängerseite synchron zusammengesetzt werden.

Die erste funktionierende Übertragung von Halbtonbildern nach diesem Prinzip gelang dem Schotten *Baird* 1925 und wir dürfen es ruhig das Geburtsjahr des Fernsehens nennen.

Der Siegeszug des Fernsehens begann in Deutschland allerdings erst 1930 mit Einführung der Elektronenstrahlröhre durch *Manfred von Ardenne*, zwei Jahre nachdem das Reichspostzentralamt den Startschuss für das neue Telekommunikationssystem Fernsehen gegeben hatte. Am 22. März 1935 wurde im Berliner Haus des Rundfunks das erste regelmäßige, öffentliche Fernsehprogramm der Welt gestartet. Man richtete zunächst eine sogenannte Fernsehstube im Reichspostmuseum ein; weitere folgten bald in den Postämtern Neukölln, Lichtenberg, Schöneberg, Steglitz und Charlottenburg. Man erfreute sich eines regen Zulaufs in den kostenlosen Einrichtungen, denn die ersten Geräte waren mit einem Preis von 2500 Reichsmark für Normalbürger unbezahlbar."

„Diese Stuben waren sicher auch noch keine Konkurrenz für das Kino", sagte Kalli. „Nein, sicher nicht", gab ich zu. „Aber ein unbestreitbarer Vorteil zum Kino wurde bereits 1936 klar. Man übertrug nämlich die Olympiade live aus dem Olympiastadion in Berlin und dieser Live-Charakter ist bis heute für die meisten Menschen das Faszinierendste am Fernsehen. Die Möglichkeit, bequem von zuhause aus Konzerten und Sportereignisse zu verfolgen, gab dem Fernsehen bald schon den Spitznamen Pantoffelkino. Doch zunächst unterbrach der zweite Weltkrieg die weiteren Entwicklungen und erst am 25. Dezember 1952 begann in Deutschland wieder ein regelmäßiger Sendebetrieb.

Die Elektronenstrahlröhre, bald Bildröhre genannt, sollte über Jahrzehnte bis zur Perfektion weiterentwickelt werden. Das Funktionsprinzip ist dir sicher noch vom Physikunterricht bekannt.

Die Urform der Bildröhre ähnelt einem Erlenmeyerkolben, deren Boden eine Leuchtschicht enthält. Eine hohe Spannung sorgte dafür, dass im Vakuum ein Elektronenstrahl die im Röhrenhals befindliche Kathode verließ, mit Hilfe von Spulen vertikal und horizontal magnetisch abgelenkt wurde und auf die Leuchtschicht traf. Der Strahl wurde mit dem Bildinhalt in der Helligkeit moduliert und baute zeilenweise das Bild auf. Wichtig war, dass die Schicht lange genug nachleuchtete, um das ganze Bild anzuzeigen, und schnell genug abklang, um ein Nachziehen zu vermeiden. Hatten die ersten Bildröhren noch runde Bildschirme und bestimmten mit ihren Baulängen die Tiefe der Geräte, folgten bald Kurzhals-Röhren mit rechteckigen Bildschirmen. Man legte in Deutschland 25 Bilder pro Sekunde als Norm fest und zerlegte das Bild in zwei Halbbilder, womit man auf 50 Halbbilder pro Sekunde kam. Mit diesem Trick konnte man die Netzfrequenz von 50 Hz verwenden, um Synchronprobleme zwischen Sender und Empfänger zu vermeiden und gleichzeitig ein flimmerfreies Bild garantieren."

„Trotzdem wurde im Volksmund schnell von Flimmerkiste gesprochen", lächelte Kalli. „Ich kann mich auch noch gut daran erinnern, wie bei uns in den fünfziger Jahren in bürgerlichen Kreisen der Fernseher oft hinter Schranktüren versteckt wurde." „Bei uns im Osten war das anders", sagte ich. „Für uns tat sich ein Fenster zur Welt auf und nachdem man sich anfangs noch bei Familienmitgliedern mit Fernsehgerät traf, wollte jeder nach 1961 ein eigenes Gerät haben. Aber springen wir noch mal ins Jahr 1952 zurück. Die deutsche Fernsehnorm mit 625 Zeilen und 25 B/s war bereits festgelegt worden und Fernsehkameras konnte man seit 1936, dank der Erfindung des Ikonoskops als Bildaufnahmeröhre, bauen. Nur eines konnte man noch nicht, nämlich Programme elektronisch aufzeichnen. Die MAZ war noch nicht geboren. Fernsehspiele und Unterhaltungsshows wurden live gesendet und der Zuschauer konnte jeden Schnitzer mitbekommen. Nur bei wichtigen Produktionen zeichnete man auf Film auf und legte damit den Grundstein für Wiederholungen."

„Wenn 1935 schon regelmäßig Programme gesendet wurden, die Fernsehkamera aber noch nicht erfunden war, wie gestaltete man denn die Beiträge?", fragte Kalli. „Die Möglichkeit der Abtastung gab es ja schon, mittels der Nipkowscheibe", sagte ich. „Aber es muss damals schon sehr abenteuerlich gewesen sein.

In Berlin Charlottenburg befand sich in der Rognitzstraße ein ca. 4 Quadratmeter großer Senderaum. Erste deutsche Fernsehansagerin war die Schauspielerin Else Elster. Wegen der Eigenart des Abtaststrahls saß man im Stockdunklen und konnte anfangs nur Personen bis zur Hüfte aufnehmen. Kinofilme boten sich natürlich an, und ein kurzzeitig eingeführtes Verfahren sorgte für ein fast Live-Erlebnis. Es nannte sich *Zwischenfilmverfahren* und sollte der Vollständigkeit halber erwähnt werden.

Die Filmtechnik war ja, wie du weißt, zu der Zeit schon hoch entwickelt und man kam auf die Idee, eine normale Filmkamera auf ein Fahrzeugdach zu stellen. Im Inneren dieses Übertragungswagens installierte man eine Entwicklungsanlage mit angeschlossener Filmabtastung. Der mit Lichtton aufgenommene Film lief dabei aus der Kamera durch einen lichtdichten Kanal direkt in einen rapid arbeitenden Entwicklungsprozess. Schnell getrocknet, konnte er so mit einer Verzögerung von 90 Sekunden gesendet werden. Die Umwandlung des Negativ-Bildes erfolgte im Abtaster. So konnte man Sportveranstaltungen fast live senden und hatte gleichzeitig Material zum Archivieren. Das war vielleicht die engste Symbiose zwischen Film und Fernsehen in der Geschichte."

„Die Verzögerung war für den normalen Zuschauer sicher tolerierbar", meinte Kalli.

„Ja", sagte ich. „Bei einer Nassabtastung konnte man die Zeit sogar auf 13 Sekunden drücken, aber die Weiterverwendbarkeit des Filmmaterials war damals

die Bedingung. Wir sprechen allerdings von einem gesendeten 90-Zeilen-Bild
und der Zuschauer saß, wie schon gesagt, in einer öffentlichen Fernsehstube."

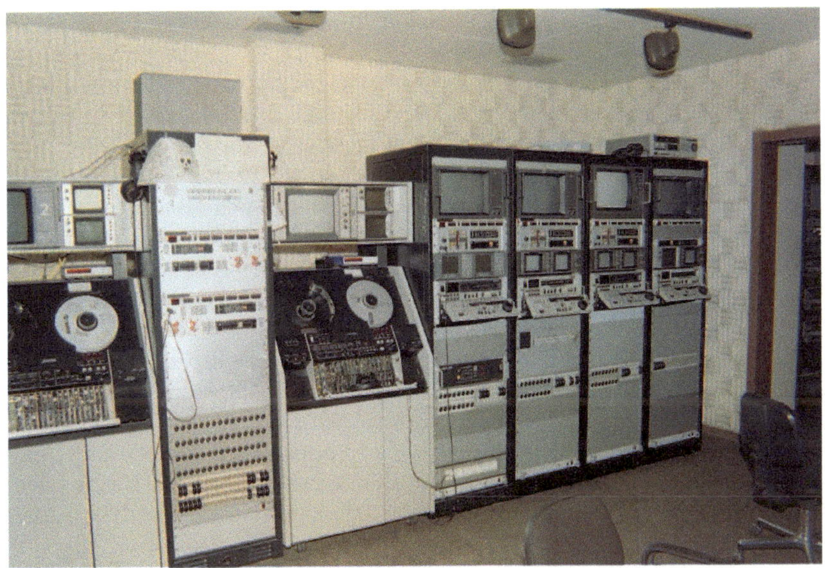

*„Erfolg ist ein Gesetz der Serie und Mißerfolge sind Zwischenergebnisse. Wer
weitermacht, kann gar nicht verhindern, daß er irgendwann auch Erfolg hat. "
Thomas A. Edison (1847–1931)*

„Seit es gelang, Mitte der 1930er Jahre Töne magnetisch auf Band zu speichern,
fehlte es nicht an Versuchen, das Gleiche auch mit Fernsehbildern zu erreichen.
Die Idee, Bilder ähnlich den Tönen mit einem festen Magnetkopf aufzuzeichnen,
scheiterte auf Grund der hohen Frequenzen der Bildsignale an den
unbeherrschbar hohen Bandgeschwindigkeiten, die nötig gewesen wären. Auch
eine übermäßige Verbreiterung des Bandmaterials kam nicht in Frage.
Am 14. April 1956 stellte die Firma *Ampex* in den USA die erste
Videobandmaschine der Welt vor. Die Lösung des Problems brachte eine
rotierende Videokopftrommel, welche die Bildaufzeichnung quer zur
Laufrichtung des 2 Zoll breiten Bandes ermöglichte. Die Fachwelt war
begeistert. Jetzt konnte man Programme vorproduzieren, deren Qualität für Laien
nicht von Originalaufnahmen zu unterscheiden waren. Die Bänder, die auf offene
Spulen gewickelt waren, ließen sich löschen und wiederverwenden und in den
USA konnte man mit zeitversetzt gestarteten Maschinen die verschiedenen

Zeitzonen überbrücken.

Nachdem die Anlagen ihre Praxistauglichkeit bewiesen hatten, baute man bei *Siemens & Halske* 1958 die ersten Geräte auf die in Deutschland übliche Norm um. Eine westdeutsche Eigenkonstruktion wurde 1961 von der Firma *Loewe Opta* vorgestellt. Die 2-Zoll-Maschine *OPTACORD 500* zeichnete bereits nach dem inzwischen eingeführten Schrägspur-Verfahren auf und hatte ein besonders anwenderfreundliches Einlegesystem. Der elektronische Teil war mit 35 Röhren bestückt. 1962 lieferte *Ampex* bereits ihre tausendste Maschine aus. Auch die damalige DDR konstruierte unter der Bezeichnung *QR 300* Anfang der 60er Jahre eine 2-Zoll-Maschine im damaligen Rundfunk- und Fernsehtechnischen Zentralamt *RFZ*, im Kollegenkreis liebevoll *Rum Fummel Zentrum* genannt.

Die schrankgroßen Anlagen hatten natürlich keine Ähnlichkeit mit den Heimrecordern der 1980er Jahre und standen erst am Anfang einer langen Entwicklungsreihe der Magnetaufzeichnung, nun *MAZ* genannt. Nach Einführung der Schrägspur-Aufzeichnung war der nächste Schritt die Verringerung der Bandbreite auf 1 Zoll. Schon bald wurden die Geräte farbtauglich und ein Dilemma bahnte sich frühzeitig an.

Während beim Film weltweit mit denselben Formaten gearbeitet wurde, ging man in der Fernsehwelt getrennte Wege. Die Orientierung an der Netzfrequenz führte 1953 zum amerikanischen *NTSC*-Verfahren mit 60 Herz und 30 Bildern pro Sekunde. Die Abkürzung leitet sich von *National Television Standards Commitee* ab und nicht, wie Techniker scherzhaft meinten, von *Never The Same Color*. Grund für die Verballhornung waren die häufig auftretenden Phasenfehler, die sich in Farbstichen bemerkbar machten. Die Geräte hatten deshalb einen Knopf für den Farbton, an dem der Zuschauer ca. alle 15 Minuten nachregeln musste. In Europa wollte man daraus lernen und Geräte mit derartigen Problemen gar nicht erst auf den Markt bringen. In Frankreich stellte Henry de France 1956 *SECAM* vor, bei dem man ein anderes Modulationsverfahren einführte, wodurch keine Phasenverschiebungen mehr auftreten konnten. Auch dieses System war noch nicht perfekt, denn es kam häufig zu verschwimmenden Farben und Kantenflimmern, in der Praxis Secam-Feuer genannt. Unsere Techniker machten schnell Sehkrampf daraus. In Deutschland tüftelte inzwischen ein Mann an einem System, welches ohne die Schwächen der beiden Genannten funktionieren sollte."

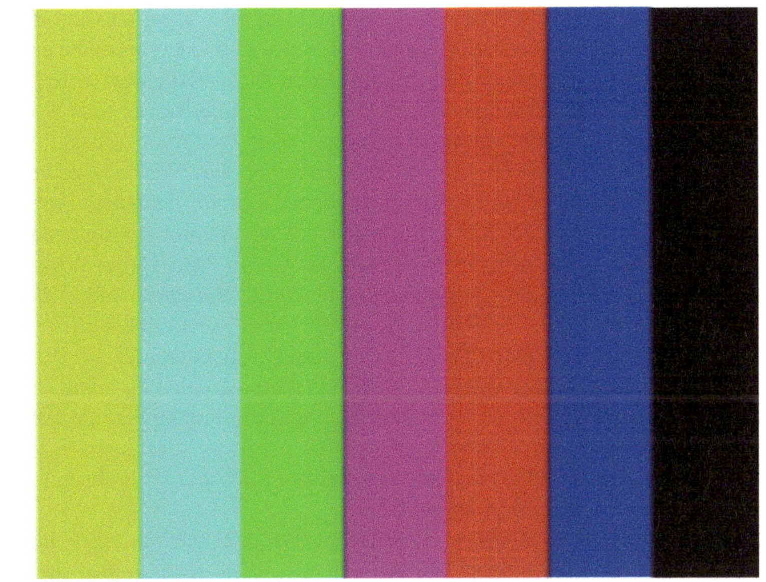

„Nichts was neu ist, ist vollkommen. "
Marcus Tullius Cicero (106–43 v. Chr.)

„Als 1936 bei den Olympischen Spielen in Berlin ein Mann an einer, von Emil Mechau entwickelten, zwei Meter langen Fernsehkamera stand und Live-Aufnahmen machte, ahnte noch niemand, dass er einmal der Erfinder des erfolgreichen Farbfernsehsystems *PAL* werden würde. Wie damals Manfred von Ardenne, war es auch dieses Mal wieder ein Tüftler und Bastler, der sich nicht mit dem Erreichten zufrieden geben wollte und eigene Wege ging. Sein Name war Walter Bruch."

„Warum konnte man sich eigentlich nicht wenigstens in Europa auf ein einheitliches System einigen?" fragte Kalli.

„Frankreich, damals unter Charles de Gaulle, war schon sehr daran interessiert, *SECAM* als Standard für Europa einzuführen", sagte ich. „Ein hastig mit der damaligen Sowjetunion abgeschlossener Vertrag brachte die Wiener Konferenz 1965 zum Scheitern. Walter Bruch hatte sein PAL-System bereits am 3. Januar 1963 vorgestellt und auf unzähligen Reisen in aller Welt bekannt gemacht. Diese Konferenz sollte eigentlich nun die Entscheidung für Westeuropa bringen. In

Frankreich dachte man, wenn die Russen *SECAM* einführen, wird die damalige DDR mitziehen. Die Franzosen hofften, die Bundesrepublik würde ihre ostdeutschen Landsleute nicht im Stich lassen und sich ebenfalls für *SECAM* entscheiden. Im Deal mit der Sowjetunion ging man sogar so weit, den Russen ein komplettes Bildröhrenwerk mit der neuentwickelten Gittermasken-Röhre zu versprechen. Es sollte aber nie gebaut werden. Bekanntlich entschieden sich die meisten Länder Westeuropas für *PAL*. Auf die Frage, warum das System nicht nach seinem Erfinder genannt wurde, soll Professor Bruch sinngemäß geantwortet haben: Ein Bruch-System wäre keine gute Werbung gewesen.

Das Farbfernsehen bedrohte nun also wieder einmal das Kino. Farbfilme, die man bisher im Fernsehen nur in Schwarzweiß sehen konnte, tastete man in Farbe ab, und Unterhaltungsshows wurden beliebt. Auf dem Heim- Videorecorder-Markt stritten sich die Systeme *Video 2000*, *Betamax* und *VHS* um die Vorherrschaft und die DDR steigerte ihren Geräteverkauf, indem sie stillschweigend *PAL–Decoder* in ihre Fernsehgeräte einbaute.

In den Kopierwerken richtete man Video-Abteilungen ein, schuf sich so mit Filmüberspielungen ein zweites Standbein und die Industrie baute farbtaugliche Filmabtaster.

1991 wurde mit PAL-plus die Grundlage für die Einführung des 16:9 Bildformates beim Fernsehen gelegt."

„Da du gerade die Videorecorder erwähnt hast, fiel mir ein, dass meine Eltern mal einen Bildplattenspieler kaufen wollten", sagte Kalli. „Hast du damit mal Erfahrungen gemacht?"

„Es muss Ende der 1990er Jahre gewesen sein, als meine zweite Firma eine Anlage für die sogenannte Laserdisc aufstellen ließ", sagte ich. „Soweit ich mich erinnern kann, war sie kein halbes Jahr in Betrieb. Ihre Bedienung war äußerst kompliziert. Sie hatte die Baulänge einer kleinen Film-Entwicklungsmaschine und musste während des Betriebes ständig durch zwei Mitarbeiter überwacht und justiert werden.

Erste Versuche mit Bildplatten stellte bereits der schon erwähnte Pionier John Baird in den 1920er Jahren an."

13. Kapitel Von der Bildplatte zur Blu-ray - Die Welt wurde wieder mal eine Scheibe

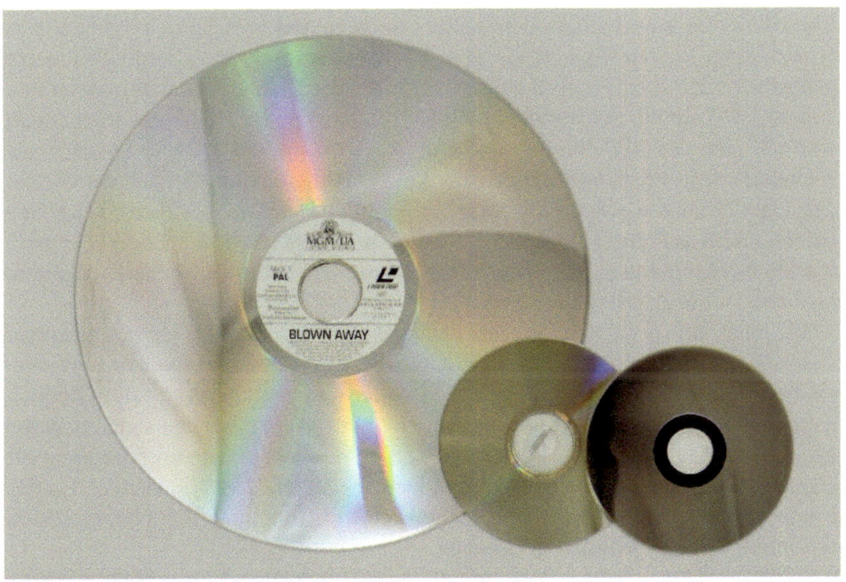

Verkäuferin: Was sollen dann das für Platten sein?
Karl Valentin: So runde dunkelschwarze Platten.
Verkäuferin: Ja, ich meine, wollen sie Schallplatten mit Musik oder mit
Gesang?
Karl Valentin: Nein, nur mit Schall, mit billigem Schall.
(Aus: „Karl Valentin – Im Schallplattenladen")

„Filme und besonders Magnetbänder sind Speichermedien, die komplizierte Einfädel- und Wickelvorrichtungen voraussetzen", sagte ich. „Führungs- und Andruckrollen müssen sehr genau justiert sein und jeder, der mal in der Jugend einen Kassettenrecorder hatte, kennt den berüchtigten Bandsalat. Ein Videorecorder zum Beispiel war seinerzeit das komplizierteste Gerät in einem normalen Haushalt. Ungleich einfacher konnten Laufwerke für Platten konstruiert werden. Bei einem Schallplattenspieler genügt ein Motor mit Riemenantrieb und ein massereicher Teller für ausreichende Laufruhe. Die restliche Präzision steckt im Tonarm.
Folgerichtig entwickelte bereits John Baird eine mechanische Anlage für eine Bildaufzeichnung auf rotierenden Scheiben, die er am 6. Januar 1927 der

Öffentlichkeit vorstellte. Dies war damals nur mit Standbildern und auf Grund der geringen Zeilenanzahl möglich.

43 Jahre später stellte die Firma *AEG-Telefunken* auf der IFA ihre *TED* genannte Bildplatte vor, eine Gemeinschaftsproduktion mit der englischen Firma *DECCA*. Ehe sie richtig zum Laufen kam, sollten noch einmal fünf Jahre vergehen. Auf Grund ihrer kurzen Spieldauer von 10 Minuten war sie allerdings ein tot geborenes Kind. Die Vinylscheibe wurde mit einer Diamantnadel abgetastet und konnte 1970 nur ein Schwarzweiß-Bild abspielen. Die Bildsignale wurden, nicht wie bei der Schallplatte als seitliche Auslenkung aufgeprägt, sondern als Tiefenschrift in Form von kleinen Buckeln. Als die Geräte fünf Jahre später in den Handel kamen, waren sie zwar farbtauglich, an der Spieldauer hatte sich jedoch nichts geändert. Dies und die fehlende Möglichkeit selbst aufzunehmen, weckte wenig Interesse beim Käufer und so verschwanden die Bildplattenspieler bald wieder aus den Regalen.

1982 ging auf der Düsseldorfer Fachmesse, die *„Laser Vision"* genannte *Laserdisc* an den Start. Anfangs einseitig mit 64 Minuten abspielbar, erreichte sie bald, doppelseitig abspielbar, 90 Minuten Laufzeit. Analog aufgezeichnet, hatten Bild und Ton eine hohe Qualität. Die per Laserstrahl abgetastete Scheibe hatte die Größe einer Schallplatte und konnte nun, abnutzungsfrei, beliebig oft abgespielt werden. Die Geräte waren in Deutschland bis 1999 im Handel. Da das Filmangebot gering und ebenfalls keine Eigenaufnahme möglich war, hielt sich das Interesse beim Kunden in Grenzen.

Als 1981 auf der Berliner Funkausstellung erstmals eine 12 cm große Scheibe unter der Bezeichnung *Compact Disc*, als digitales Musik-Speichermedium vorgestellt wurde, waren die Weichen gestellt und aus der bald nur *CD* genannten Scheibe entstand die *CD-Rom* für die Computertechnik. Filmfreunde entdeckten den *VCD*-Standard als Aufzeichnungsmöglichkeit mit allerdings eher bescheidener VHS-Qualität.

1996 war das Jahr, in dem die ersten DVD-Spieler in den Handel kamen und zum Jahresende konnte man bereits für ca. 10.000 DM die ersten DVD-Brenner kaufen."

„Ich erinnere mich noch an einen Besuch auf der Berliner Funkausstellung in den 80er Jahren", sagte Kalli. „Man demonstrierte die Unverwüstlichkeit der Scheiben, in dem man sie auf den Fußboden legte, mit den Schuhen drüber lief und zeigte, wie sie danach ohne Probleme die Musik abspielten."

„Ja", bestätigte ich. „Die Euphorie, einen Datenträger für die Ewigkeit gefunden zu haben, legte sich aber bald. Einer industriell hergestellten DVD garantiert man heute etwa 10 Jahre Datensicherheit, eine Selbstgebrannte liegt noch darunter. Maßgeblichen Anteil an der Lebensdauer trägt die Herstellungsqualität des Rohlings und die Lagerung der Scheiben beim Anwender. Es gibt Rohlinge, die als Archivmedium gekennzeichnet sind und jeder Billigmarke vorzuziehen sind.

Während eine Schallplatte mit einer Diamantnadel auf der Oberseite von außen nach innen abgetastet wird, geschieht dies bei einer einschichtigen DVD auf der Unterseite mit einem roten Laserstrahl von innen nach außen. Bei DVD´s mit zwei Schichten wird die untere Schicht von innen nach außen und die obere Schicht zurück, von außen nach innen abgetastet. Man nennt diese Schichten auch Layer.

Mit dem hochauflösenden Fernsehen entstand der Wunsch, Filme und Videos in HD-Qualität aufzuzeichnen. Es begann wieder einmal mit einem Format-Krieg. *Sony* stellte 2002 die mit einem blauen Laser abzutastende *Blu-ray Disc* vor. Zur Gruppe um *Sony* gehörten unter anderem *Pioneer*, *Sharp*, *Panasonic*, *Philips Thomson* und *Samsung*. Im gegnerischen Lager standen *Toshiba* und *NEC* mit der von ihnen vorgestellten *HD-DVD*. Während das *Handelsblatt* noch 2006 titelte: Finger weg von HD-DVD und Blu-ray-Geräten, wissen wir heute, dass die *Blu-ray* das Rennen gewonnen hat. Die derzeit üblichen Geräte sind abwärtskompatibel, das heißt, sie spielen von der Audio-CD bis zur Blu-ray alles ab. Die Entwicklung geht jedoch bereits weiter in Richtung 4K- und 8K-Auflösung. Man spricht auch von *Ultra HD*. Da sich jedoch auch die Fernsehgewohnheiten zu ändern beginnen und Programme via Internet gestreamt werden können, darf man gespannt sein, ob der Kunde, nach *VHS, DVD* und *Blu-ray,* nochmals Interesse hat, eine ultrahoch aufgezeichnete Filmsammlung zu beginnen. Was meinst du?"

Kalli schüttelte den Kopf. „Ich habe da meine Zweifel. Der Mediathek gehört wohl die Zukunft, denke ich. Aber lass uns morgen weitermachen, Thomas. Wo wollen wir uns treffen?"

Während der Kellner uns die Rechnung brachte, überlegte ich. „In Kreuzberg am Flutgraben gibt es ein rustikales Lokal mit Blick aufs Wasser und wenn der Wetterbericht hält, was er verspricht, könnten wir morgen draußen sitzen." „Gute Idee", sagte Kalli. „Wie heißt denn die Lokalität?"

Während wir auf die Straße traten sagte ich: „Sie nennt sich Freischwimmer und ist auf der linken Uferseite. Wenn man auf der Flutgraben Brücke steht, sieht man sie schon." „Dann sage ich mal, treffen wir uns doch auf der Brücke", schlug Kalli beim Verabschieden vor. Während er an der Bus Haltestelle stehen blieb, schlenderte ich beim schrägen Licht der Abendsonne heimwärts in Richtung S-Bahnhof Treptow.

Der nächste Morgen begann mit leicht bewölktem Himmel, doch als wir uns dann auf der Brücke trafen, schien bereits die Sonne. Kalli trug eine helle Leinenhose, dazu ein dunkles Hemd und über der Schulter ein leichtes Sakko. Als er mich sah, schob er seine Sonnenbrille in die Stirn. „Dieses quirlige Lebensgefühl mag ich an Berlin", sagte er, während sich ein paar Radfahrer auf dem Bürgersteig zwischen uns hindurchschlängelten. „Ja", bestätigte ich. „Die Bevölkerungsdichte hier im Wrangelkietz entspricht in etwa der von Manhattan.

Aber wenn du von hier aus auf der Puschkinallee in Richtung Treptow läufst, machst du eine eigenartige Erfahrung. Du hast den Eindruck durch eine unsichtbare Grenze zu gehen. Aus dem bunten Treiben wird ein ruhig vor sich hin dämmernder Bezirk ohne Besonderheiten.
Selbst im Parkcenter herrscht immer eine eigenartige Lethargie."
Wir hatten inzwischen im Freischwimmer Platz genommen und ein sehr junger Kellner nahm unsere Bestellung auf. Kalli musterte die Umgebung. Eine Reihe einfacher Holztische stand, durch ein Geländer begrenzt, unmittelbar am Kanal. Am gegenüberliegenden Ufer blickte man auf einen alten Speicher. Zwischen unseren Tischen und der durch Nischen unterbrochenen Mauer zur anderen Seite schlängelte sich ein schmaler Weg für Personal und Gäste. „Interessantes Ambiente", meinte Kalli, nachdem er sich ausgiebig umgeschaut hatte. „Es hat den ehrlichen Charme des Unperfekten und gehört sicher zu den Szenelokalen in Berlin." „Ja", sagte ich. „Abends sollte man sicherheitshalber telefonisch Plätze reservieren lassen."
Nach einem kleinen Imbiss und einem kühlen Bier setzten wir unser Gespräch vom Vortag fort.

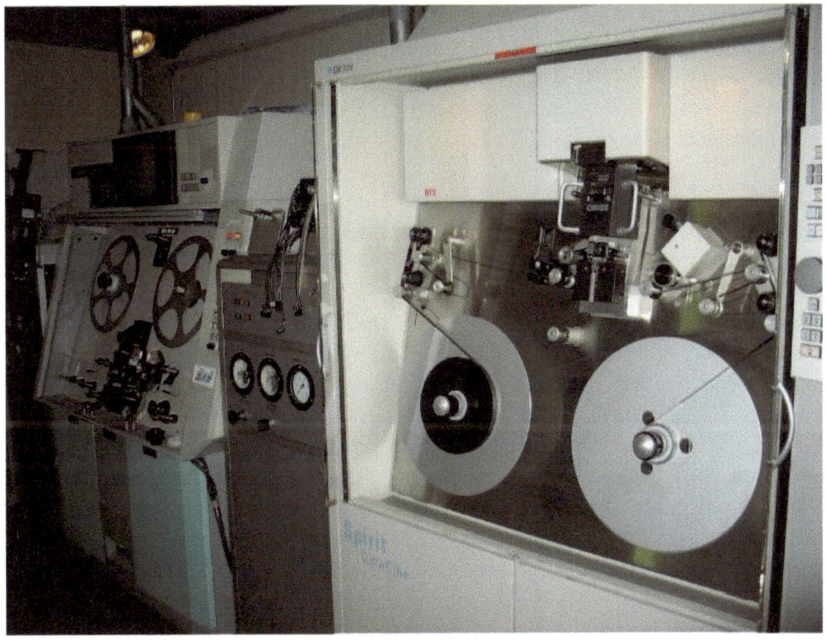

„Die fortschreitende Entwicklung des Menschen hängt in lebenswichtiger Weise von Erfindungen ab."
Nikola Tesla (1856–1943)

„Ende der 1980er Jahre, kurz vor dem Zusammenbruch, brachte die DDR Videorecorder in den Handel. Mit einem Preis von 7350 Mark waren sie teurer als ein Farbfernseher und eine Kassette kostete 90 Mark. Die Preise waren astronomisch hoch, aber die Weichen waren gestellt. *VHS* hatte inzwischen die konkurrierenden Systeme verdrängt und in meiner Firma sprach mich der technische Leiter des Elektronik-Labors an, ob ich Lust hätte, in der neu zu gründenden Video-Abteilung mitzuarbeiten."

„*VHS* konnte sich nur behaupten, weil sich die Porno-Branche darauf einigte, sagte man damals", grinste Kalli.

„Davon habe ich auch gehört", erwiderte ich. „Es ist aber wohl eine Legende und eher der falschen Firmenpolitik von *Sony* und der zu kurzen Kassettenlaufzeit zu verdanken, dass *Betamax* zu den Verlierern gehörte. Tatsache ist aber, dass sich das qualitativ schlechteste System durchgesetzt hatte. Mein alter *Betamax-*

Recorder von *Sony* war deutlich besser, als der später angeschaffte VHS-Recorder. Der 9. November 1989 kam und zerschlug nicht nur die Pläne unserer zukünftigen Video-Abteilung, sondern gleich ein ganzes Wirtschaftssystem."
Kalli musste lächeln. „Mit den Systemen ist es scheinbar im Kleinen wie im Großen."
„Offenbar", sagte ich. „Nur, dass sich jetzt das bessere durchgesetzt hatte. Jedenfalls wechselte ich nun die Firma und stieg in den Bereich Filmabtastung ein.
Die Urform des Film-Abtasters war eine Kombination aus Filmprojektor und Nipkow-Scheibe, die bald durch eine Fernsehkamera ersetzt wurde. Während anfangs Überspielungen in den Sendeanstalten durchgeführt wurden, lagerte man bald auf Grund des gestiegenen Sendebedarfs einen Teil der Abtastung an Kopierwerke mit Video-Abteilungen aus. Zwei grundsätzlich verschieden arbeitende Gerätegruppen dominierten inzwischen den Markt. Lichtpunkt-Abtaster von *Rank Cintel* und CCD-Abtaster von *Bosch*. Erstere tasteten das komplette Filmbild im Bildfenster mit einer Elektronenstrahl-Röhre zeilenweise ab und letztere durchleuchteten den Film am Schlitzfenster mit einer Halogenlampe. Während Röhren-Abtaster die Umwandlung des Bildes in elektrische Signale mit Sekundärelektronen-Vervielfachern bewerkstelligten, machte dies beim Bosch Abtaster ein CCD-Chip.
1989 kam von *Rank Cintel* das Modell *URSA* auf den Markt und zeitgleich von *Bosch* der erfolgreiche *FDL 60,* der später zum beliebten *SPIRIT* weiterentwickelt wurde."

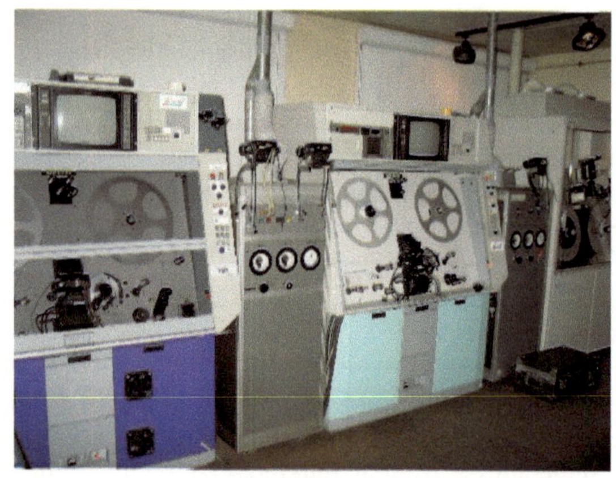

„Sind die Unterschiede so ähnlich wie die zwischen Schritt- und Durchlaufkopiermaschinen? ", fragte Kalli.

„Eine gute Frage", sagte ich. „Tatsächlich ähneln sich die möglichen Fehlerbilder. Ein Fussel im Gate des Röhren-Abtasters wird genauso abgebildet wie in der Schritt-Kopiermaschine - nämlich als Fussel. Während ein Fussel am Schlitzfenster der Kopiermaschine genauso als Streifen abgebildet wird wie ein Fussel am Gate eines CCD-Abtasters. Man sprach dann von einem FDL-Streifen. Die Fernseh-Welt Anfang der 1990er Jahre war noch analog und die höchste Bildqualität erzielte man mit der sogenannten Negativ-Abtastung. Da man gern das Original-Negativ verwendete, musste eine komplette Filmkorrektur gemacht werden. Das heißt, der Filmabtaster wurde mit einem Korrekturgerät gekoppelt, an dem der Lichtbestimmer, nun Bildtechniker genannt, Farbstimmung, Helligkeit und Kontrast für jede Szene einstellen konnte. Erste, mit Joystick zu bedienende Geräte wurden bald durch Trackball-gesteuerte Pulte ersetzt und Marktführer waren zu der Zeit in Deutschland *Da Vinci* und *Pogle*.

Als ich zum ersten Mal ein abgetastetes Negativbild auf einem Klasse 1-Monitor sah, ohne den Umweg über einen Fernsehsender, hatte ich wieder ein Aha-Erlebnis und ein Kameramann brachte es später auf den Punkt. Er bemerkte: Man sieht das Medium nicht mehr. In der Vergangenheit war es nämlich üblich, für Fernsehabtastungen sogenannte Low-Contrast-Kopien zu ziehen. Dies waren meist 35-mm-Filme, die im Kopierwerk korrigiert wurden und dann zur Filmabtastung gingen.

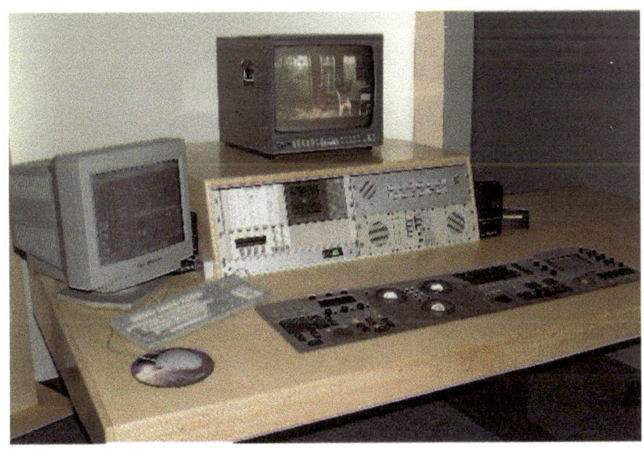

Die Farbrichtung war damit vorgegeben und die Anpassung an die Fernsehnorm nicht mehr so aufwändig und demzufolge billiger. Bei der Negativ-Abtastung aber begann man den Film praktisch wieder von vorn zu bearbeiten. So konnte ein Kinofilm zum Beispiel im Fernsehen anders aussehen als auf der Leinwand im Kino. Verständlicherweise wollten anfangs die Kameraleute ihre Filme vom korrigierten Positiv überspielt haben. Argument war häufig die Angst, der Bildtechniker könne bei der Negativkorrektur eigene Wege gehen und dem Film eine andere Farbstimmung geben.

Sendeanstalten wünschten aber zunehmend Negativabtastungen und bald erkannte man auch von der Aufnahmeseite her das ungeheure Potenzial, welches im abgetasteten Negativ steckt. Hinzu kommt noch die Tatsache, dass eine Filmkopie diverse Mängel enthalten konnte. Dies waren zum Beispiel: Negativstaub, Kratzer, Schrammen oder Schaltwischer, um nur einige zu nennen. Auch die Tonqualität der Lichttonspur wurde vom Sender nur im äußersten Notfall akzeptiert. Deshalb verwendete man zur Überspielung den Magnetton vom synchron mitlaufenden Perfospieler.“

„Gelang dir der Wechsel vom Film zum Video eigentlich problemlos?“, fragte Kalli.

„Als mir an meinem ersten Tag in der neuen Firma die Korrekturpulte vorgeführt wurden und ich die drei Hauptregler sah, meinte ich in meiner damaligen Naivität, die Joysticks wären, ähnlich wie die Knöpfe am Coloranalyzer, für die Kanäle Rot, Grün und Blau zuständig“ ,sagte ich. „Schnell wurde mir aber klargemacht, dass jeder der drei Regler für alle Farbrichtungen war, nur getrennt in Schatten, Mitten und Lichter. Heute kennt das jeder, der am PC seine Videos bearbeitet. Die Primäre Farbkorrektur erfolgte nun auch nicht mehr in festen Schritten, sondern gleitend. Mit einer Sekundär-Farbkorrektur ließen sich zusätzlich einzelne Farben in Sättigung, Farbton und Helligkeit einstellen und die Möglichkeit, den Kontrast verändern zu können, war ebenfalls eine neue Erfahrung für jemanden, der aus der Kopierwerkstechnik kam.

Man hatte in den 1980er Jahren die Nassabtastung eingeführt und die Filmabtaster von Rank mit Wetgates ausgerüstet. Eigenkonstruktionen wurden bald durch Gates der Firma Schmitzer abgelöst und das Anfang der 1990er Jahre aufkommende Super-16-Format für TV-Produktionen erforderte bald schon die Anschaffung zusätzlicher Gates und Umlenkrollen für das zukünftige 16 zu 9-Fernsehformat. Der Korrektur-Alltag sah so aus, dass nach fertiggestelltem Negativschnitt der Kameramann zum Colorgrading eingeladen wurde. Da ein Drehtag am Set oft spät abends endete, legte man den Arbeitsbeginn für die Korrektur auf 9 Uhr morgens fest.

Die Arbeitsräume wurden von den Pulten dominiert und waren eigentlich kleine Kammern. Von späteren Korrektur-Suiten mit Couch und Sesseln waren sie noch weit entfernt.

Eine Fernsehserie hatte in der Regel eine Folgenlänge von 45 Minuten. Bei einer damals üblichen Anzahl von 250 bis 350 Szenen schaffte man die Korrektur innerhalb einer 8-Stunden-Schicht.

Die Vorkorrektur benötigte ca. 3 Stunden. Dann wurde der Film auf Anfang gerollt und die Feinkorrektur vorgenommen. Im Anschluss wurde dann sofort auf Band überspielt, denn die Daten konnten am nächsten Tag nicht mehr abgerufen werden. Da wir unter Flüssigkeit abtasteten, kam es bei Überspielungen an Klebestellen immer wieder mal zu Verwirbelungen und Luftblasen liefen durchs Bild. Wir notierten dann den Zählerstand des Timecodes, um im Anschluss die betroffenen Szenen erneut, auf ein separates Band zu überspielen. Von diesem wurden die sogenannten Klammerteile dann zurück ins Sendeband geschnitten. Im ungünstigen Fall konnten schon mal 15 bis 20 Klammerteile zusammenkommen. Die erste Generation der Röhren-Abtaster schrieb noch das Raster für das erste und das zweite Halbbild nebeneinander auf den Schirm, was dazu führte, dass vor Arbeitsbeginn zunächst mit einer Filmschleife, die ein Gittermuster enthielt, die Geometrie eingestellt werden musste. Mit Hilfe von 16 Reglern beseitigte man feinfühlig ein Jittern in allen Bereichen des Bildes. Im nächsten Schritt wurde das sogenannte Shading, ein Bildflackern, beseitigt. Im letzten Schritt legte man dann mittels dreier Trimmregler den Arbeitsbereich für das betreffende Negativ fest. Erst dann konnte mit der eigentlichen Korrektur begonnen werden. Nicht selten kam es vor, dass während der Überspielung eine Nachjustierung erforderlich wurde oder sich im schlimmsten Fall die Farbe veränderte. Die Instabilität der Farbwiedergabe war lange Zeit ein Problem, selbst bei nachfolgenden Geräten der Generation URSA. Dies konnte zur Folge haben, dass man sich nach einer Mittagspause mit dem Kameramann zur Feinkorrektur zusammensetzte und plötzlich einen leichten Farbstich, meist grünlich, bemerkte. Nun konnte man zwar alles wieder nachkorrigieren, aber man war in einer Zwickmühle. Fragte der Kameramann, ob man das bei der Vorkorrektur so grünlich eingestellt habe und man sagte, es handele sich um eine Drift des Filmabtasters, verlor er das Vertrauen in die Technik. Sagte man aber, ja, man habe es wohl so korrigiert, verlor er das Vertrauen in den Techniker. Glücklicherweise passierten solche Sachen meist erst, wenn man überspielen wollte und der Kameramann bereits gegangen war. In aller Stille korrigierte man dann alles noch mal aus der Erinnerung nach. Mit dem Beginn des digitalen Zeitalters wurde vieles einfacher und die eben beschriebenen Fehler gehörten der Vergangenheit an. Der CCD-Abtaster begann den Röhren-Abtaster zu verdrängen und die Nassabtastung verlor auf Grund der elektronischen Retuschemöglichkeit an Bedeutung. In der MAZ verwendete man keine 1-Zoll-Bänder mehr, denn die Sendeanstalten favorisierten inzwischen die Digibeta-Kassette von Sony. Nun gehörten auch Generationsverluste, wie sie zu analogen Zeiten beim Kopieren von Tape to Tape auftraten, der Vergangenheit an.

Die ständige Weiterentwicklung der professionellen digitalen Camcorder änderte

jedoch nichts an der Tatsache, dass Fernsehserien nach wie vor auf Super-16mm-Negativfilm gedreht wurden und man ein Kopierwerk für Entwicklung, Musterbearbeitung und Negativschnitt brauchte. Korrekturgeräte wurden weiterentwickelt und hatten zur Jahrtausendwende bereits bescheidene Möglichkeiten, über die Farbkorrektur hinaus auch Masken für partielle Veränderungen und Vignetten zu erstellen. Softwareseitig liefen sie auf einer Unix-Plattform und Korrekturdaten konnten von der internen Festplatte auf Disketten ausgelagert werden. Man korrigierte nun nicht mehr direkt vom Film, sondern überspielte ihn zunächst mit einer leichten Vorkorrektur auf ein Band. Dieses lud man in das Korrekturgerät ein und machte dann mit dem Kameramann eine sogenannte Tape-to-Tape-Korrektur. Der Arbeitsablauf wurde natürlich viel flüssiger, da man eine Kassette schneller vor- und zurückspulen konnte und das Original-Negativ konnte geschont werden. Die Schnittanzahl lag inzwischen bei 500 bis 700 Szenen pro 45 Sendeminuten." „Das hat sicher auch die Kameramänner begeistert", bemerkte Kalli. „Anfangs nicht", sagte ich. „Zu Beginn zweifelten sie oft, ob wirklich alles bei der Vorkorrektur vom Filmabtaster aus ihrem Negativ herausgeholt wurde. Hier wurde wieder deutlich, wie wichtig ein Vertrauensverhältnis zwischen Kunde und Kopierwerk war.
Als wenige Jahre später das HD-Zeitalter begann, stellte sich heraus, dass die Dinosaurier ausgedient hatten und Insellösungen nicht mehr zeitgemäß waren. Man setzte auf softwarebasierte Korrekturgeräte, die zusätzlich zum Colormatching jede Menge grafische Effekte ermöglichten. Die Gerätehersteller standen auf dem Sprung und neben bekannten Marken, wie *Da Vinci*, konkurrierten *Baselight, Lustre* und *Nucoda* um Marktanteile.

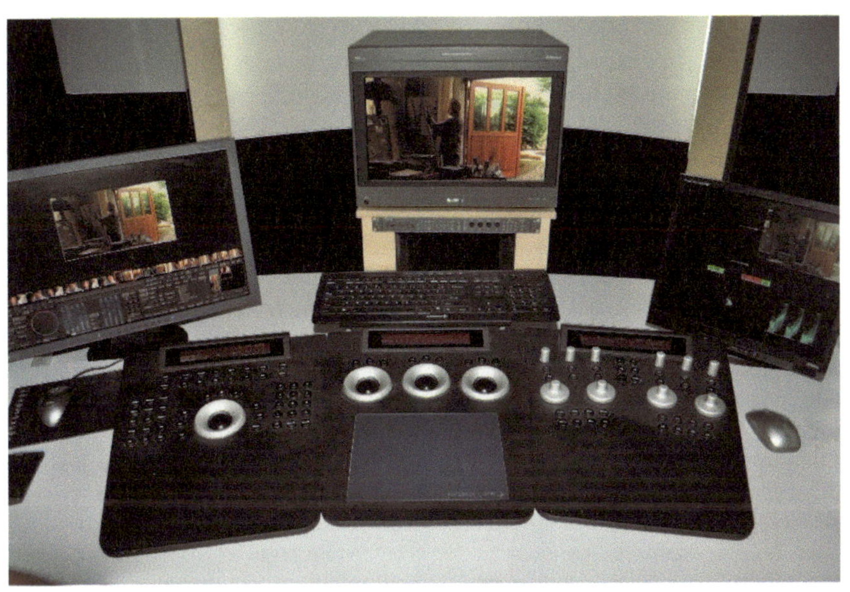

Mit ihren tausend und einer Möglichkeit war die Rechnerperformance in der Anfangszeit schnell an ihre Grenzen gestoßen. Auf den Festplatten der Computer befand sich nämlich nun der gesamte Film mit Bild, Ton, Farbkorrektur und Grafik in HD- oder 4K-Auflösung. Die Geräte einer Familie wurden miteinander vernetzt und man konnte von verschiedenen Arbeitsplätzen aus auf den jeweiligen Film zugreifen. Schon bei Film und Video herrschte eine eigene Terminologie, nun zogen Begriffe wie Capturen und Rendern ein.

Die Möglichkeiten, Farben und Stimmungen zu verändern, wuchsen gewaltig und bei Kameraleuten und Regisseuren machte bald der Spruch die Runde: Das machen wir alles später in der POST. Womit die Postproduction, also die Nachbearbeitung gemeint war. Die klassische Lichtbestimmung für die Kino-Produktion arbeitete noch nach althergebrachter Weise und es entstand bald der Wunsch, von der neuen Technik zu profitieren. Da um die Jahrtausendwende von der Firma *ARRI* ein Film-Ausbelichter, der sogenannte Arrilaser, auf den Markt gebracht wurde, verlegte man nun die Filmkorrektur vom Kopierwerk auf die Grading-Suiten der Video-Abteilungen. Mit den digitalen Daten des korrigierten Films fütterte man den Ausbelichter, der nun mit Hilfe von Laserstrahlen eine Filmrolle belichtete. In lichtdichten Kassetten verpackt, schickte man ihn ins Kopierwerk zum Entwickeln. Von dem so erstellten Negativ konnten dann die Kino-Kopien hergestellt werden. Diese Vorgehensweise geriet bald in den

Hintergrund, denn nun standen die Hersteller digitaler Filmkameras in den Startlöchern. 2007 machte den Anfang die bis dato in der Filmwelt unbekannte Firma *RED* mit einem modularen Konzept. Im Kampfpreis ihres Modells *ONE* war zunächst noch nicht einmal der Sucher enthalten. Dem Modell *ONE* folgte bald die *Epic,* die äußerlich einer Fotokamera ähnelte und sehr erfolgreich wurde. Endlich meldeten sich die Konstrukteure von *ARRI* zurück auf dem Parkett und stellten ihre *ALEXA* vor. Jahrzehntelange Erfahrung im Kamerabau und der gute Ruf der Firma enttäuschten ihre weltweiten Kunden nicht und die Kamera wurde beliebt wie seinerzeit die *SR 3*.

Dennoch nahmen viele Kameraleute, die das Rentenalter schon überschritten hatten, den Wechsel ins Zeitalter elektronischer Filmkameras zum Anlass, aus dem Berufsleben auszuscheiden. Filmkopierwerke schlossen ihre Tore und eine Ära ging zu Ende.

Fernseh- und Kinoproduktionen erschienen nun im neuen Look. Es gab kein Filmkorn mehr und man machte den regelmäßig wiederkehrenden Anlauf ins 3D-Geschäft. Fernsehserien lagen mittlerweile bei 1200-1500 Szenen pro 45 Sendeminuten und ein routinierter Colorist erledigte neben der Farbkorrektur noch diverse grafische Arbeiten an den Szenen. So legte er Bildausschnitte neu fest, retuschierte leichte Fehler und konnte mit dem inzwischen eingeführten Tracking Korrekturmasken, sogenannte Shapes, an bewegte Objekte anheften und automatisch mitlaufen lassen. Man traf jetzt in der Regel genaue Vorabsprachen mit den Kameraleuten, machte eine intensive Vorkorrektur und verabredete sich dann zur Final-Korrektur."

„Hatte man denn mit den neuen Möglichkeiten viel getrickst?", fragte Kalli. „Nicht erst mit der neuen Technik", sagte ich. „In den 1990er Jahren bearbeitete ich mal eine Folge einer bekannten Krimiserie. In dieser wurde ein Polizist erschossen. Auf Wunsch des Kameramannes sollte der an einer Hauswand herunterrutschende Polizist langsam in eine Schwarzweiß-Szene übergehen, während sein Blut rot blieb.

Nach einer halben Stunde probieren hatten wir ein gutes Ergebnis. Leider zeigte der Sender kein Verständnis für diese Art von Kunst und wir durften die Szene wieder normalisieren. Ein anderes Mal konnte ein Schauspieler seine Augen als Leiche nicht ruhig halten. Wir nahmen daraufhin ein Standbild aus der Szene, brachten eine leichte Bewegung ins Bild und ließen ein feines Filmkorn drüberlaufen. Der Trick funktionierte perfekt. Kleinigkeiten, wie das Entröten von Ohren gehörten zum Alltag eines Coloristen, ebenso das Blaufärben eines grauen Himmels. Spezielle Tricks waren das Arbeitsfeld der Grafik-Abteilung.

Hohe Schule bewies unser Grafiker einmal, als er in einer Szene die Augenstellung des Darstellers veränderte, da dessen Blickrichtung zur nächsten Einstellung nicht stimmte.

Immer leistungsfähigere Computer ermöglichen inzwischen dem ambitionierten Hobbyfilmer HD-Bearbeitung mit allen Schikanen. Professionelle Softwareschmieden stellen abgespeckte Versionen ihrer Schnittprogramme kostenlos ins Internet, wie zum Beispiel *Resolve* von *Da Vinci* oder *Lightworks* von *Editshare* und professionell gemachte Filme entstehen heute bereits schon zu Hause am Küchentisch."

„Die Zeiten großer Produktionshäuser sind also vorbei?", fragte Kalli. „Mit dem Verschwinden großer Kopierwerke und der filmlosen Aufnahmetechnik entfällt auch die Notwendigkeit einer Filmabtastung", sagte ich. „Gradings, also Korrekturen von Kinofilmen, werden sich zukünftig in dafür eingerichteten Filmtheatern bewerkstelligen lassen. Archive werden allerdings immer noch genügend Arbeit haben und über Jahre hinaus mit der Digitalisierung alter Filme beschäftigt sein und entsprechende Geräte am Laufen halten."

„Deinen Erzählungen nach zu urteilen, blickst du auf eine schöne Zeit zurück", bemerkte Kalli.

„Es bleiben ja im Rückblick immer die guten Erinnerungen haften", sagte ich. Aber mir fielen auch die Episoden ein, die manchen Nerv gekostet haben.

– Eine Spätschicht Mitte der 1990er Jahre. Ich betrete unsere Abteilung und werde im Vorraum schon von meinen Kollegen erwartet. Man sagt mir, im Korrekturraum am Da Vinci warten bereits Kameramann und Regisseur zum Grading und sähen beide sehr missmutig aus. Sie hätten bisher in einem anderen Haus gearbeitet, waren dort zufrieden und mussten nun auf Druck des Senders zu uns wechseln. Unsere Disponentin wünscht mir Glück und blickt mir mitleidig nach, als ich die Treppe zu den Korrekturräumen betrete. Am Arbeitsplatz schlägt mir eine frostige Stimmung entgegen. Ich frage, wie die Serie bisher angelegt wurde und welche Besonderheiten es zu beachten gibt. Ich erhalte ein paar knappe Kommentare vom Regisseur und beginne mit der Korrektur. Eine Stunde lang herrscht eisiges Schweigen und ich überlege ob sie gleich aufstehen und gehen werden. Nachdem ich etwa 150 Szenen korrigiert habe, bricht endlich der Kameramann das Schweigen. Er bittet um eine kurze Unterbrechung und gibt eine Erklärung für ihr ungewöhnliches Verhalten ab. Bisher hätten sie gute Erfahrungen bei unserer Konkurrenz gemacht, sagt er und sie hatten befürchtet, es könne nun einen Qualitätsabfall geben. Nachdem sie mich nun über eine Stunde lang beobachtet hätten, seien sie sehr glücklich darüber, dass ihre Sorgen unbegründet waren und sie einer guten Zusammenarbeit entgegen sähen. Da beide die ganze Zeit über schräg hinter mir saßen, konnte ich natürlich nicht sehen, dass die Anspannung aus ihren Gesichtern bereits gewichen war. Seit dieser Zeit habe ich noch viele Filme mit dem Kameramann bearbeitet, aber noch nie war mir so bewusst geworden, wie lange eine Stunde dauern kann.

Ein anderes Mal war es in der Frühschicht. Wir beginnen in der Regel um 9:00 Uhr, aber die angekündigten Kunden kommen nicht. Dann endlich der Anruf, der Flieger hatte Verspätung und um 10:00 Uhr begrüße ich Kameramann und Regisseur. Ich merke sofort, dass zwischen beiden ein angespanntes Verhältnis herrscht. Während der Korrektur äußern beide ständig unterschiedliche Wünsche und gegen Mittag ist die Situation so verfahren, dass sich beide zur gemeinsamen Beratung zurückziehen. Nach dem Mittagessen beginnen wir mit der Überarbeitung und wieder treten Differenzen in den Ansichten auf. Wir einigen uns auf einen Komplex von circa 100 Szenen und korrigieren ihn auf Wunsch des Kameramannes in eine kühle Farbrichtung. Danach stimmen wir den ganzen Komplex nochmals auf Wunsch des Regisseurs warm ab. Dann ziehen sich beide wieder zur Beratung zurück. Ich stelle fest, dass wieder mal, wie so oft, Überstunden anfallen werden und hoffe, sie fragen nicht nach meiner Meinung zur Farbstimmung, denn mir gefallen beide Richtungen nicht. Es kommt natürlich wie befürchtet, da sich beide nicht einigen können. Ich sage vorsichtig, eine abgeschwächte warme Version könne ich mir vorstellen und weise auf technische Richtlinien der Sendeanstalten hin. Es beginnt eine zähe Korrektur und Szene für Szene wird bearbeitet, verworfen und wieder bearbeitet. Darunter leidet natürlich der Fluss, denn die Szenen sollen ja nahtlos aneinander

passen. Nach 12 Stunden sind wir mit den Nerven am Ende und einigen uns darauf, am nächsten Morgen noch mal mit frischem Blick drüber zu schauen. Unsere Disponentin verschiebt die Pläne für den nächsten Tag und am darauffolgenden Morgen sitzen wir erneut zusammen. Inzwischen hat sich der Kameramann durchgesetzt und wir legen uns auf eine leicht kühle Stimmung fest. Gegen Mittag sind wir fertig und gehen auseinander. Ein paar Jahre später arbeite ich erneut mit dem Kameramann zusammen. Er hat jetzt einen anderen Regisseur zur Seite und alles läuft von Anfang an gut. Beim Film ist Teamarbeit wichtig und wirkt sich maßgeblich auf das Endprodukt aus.
Gut entsinne ich mich an eine Situation Anfang der 1990er Jahre. Unser Abtaster hat den ersten ausgelieferten Pogle als Korrekturgerät erhalten. Ich begrüße den Kameramann, der mir gleich zu Beginn erklärt, die Produktion habe kein Geld, um eine szenenweise Korrektur zu bezahlen. Es handelt sich um eine Theaterkopie und ich sage ihm, wenn die Kopie recht ausgeglichen ist, könne es mit einer Einlichtabtastung klappen. Wir schauen uns peinlich genau den Film an und optimieren so gut es geht mit allen zur Verfügung stehenden Reglern, um einen guten Kompromiss für alle Szenen zu finden. Nach über 3 Stunden sind wir fertig und wollen überspielen. Kurz vor dem Start stürzt die Software des Pogle ab. Die ersten Korrekturgeräte zur Zeit der analogen Filmbearbeitung sind noch sehr störanfällig und Programmabstürze ein häufiges Ärgernis. Mein Kameramann schaut entsetzt zu mir herüber und fragt, ob wir noch mal von vorn anfangen müssen. Ich sage, bedauerlicherweise ja, woraufhin er den Raum mit den Worten: „Ich weiß nicht, ob ich das überhaupt noch will." verlässt. Nach einer kurzen Pause beginnen wir erneut, und er räumt ein, dass er so etwas auch von anderen Produktionshäusern kennt. Von technischen Problemen wurde man auch in späteren Zeiten nicht verschont. Das reichte vom Festplattencrash bis zur abgelaufenen Softwarelizenz kurz vor Arbeitsbeginn. Anstrengend waren Produktionen, wenn junge, unsichere Kameraleute etwas ganz Neues machen und sich profilieren wollten. Dann kamen Wünsche, Lichter extrem zu clippen, Schatten stark zu stauchen, Farben zu verstärken oder stark zu entsättigen. Man erklärte ihnen dann, dass der Sender es so nicht abnehmen würde. Man musste in so einem Fall hart bleiben, denn bei einer Ablehnung durch den Sender wäre eine erneute Bearbeitung erforderlich und letztendlich hieße es, man hätte es doch als Techniker wissen müssen. Zum Glück waren Korrekturen, die stark gegen den eigenen Geschmack liefen, selten. Einer Kriminalfolge, die schon sehr kühl angelegt war, sollte ich auf Wunsch des Kameramannes einen stark blauen Schluss verpassen. Da es sich nicht um eine Nachtszene handelte, versuchte ich den Kameramann davon abzubringen. Weil auch der Regisseur von dieser Farbrichtung entsetzt war, kam es zu einem lautstarken Wortgefecht, woraufhin der Kameramann androhte, seinen Namen aus dem Vorspann des Films entfernen zu lassen.

Das angenehmste Arbeiten war meist mit den „ alten Hasen. " Sie wussten worauf es ankommt, teilten ihre Wünsche im Vorfeld telefonisch oder per E-Mail mit und hatten dann während der Korrektur Zeit für lustige Anekdoten und Geschichten vom Set.–

„Nun sind wir fast am Schluss unseres kleinen Streifzuges angekommen und wir wollen noch einen Blick auf die Erhaltung und Pflege des Kulturgutes Film im weitesten Sinne werfen."

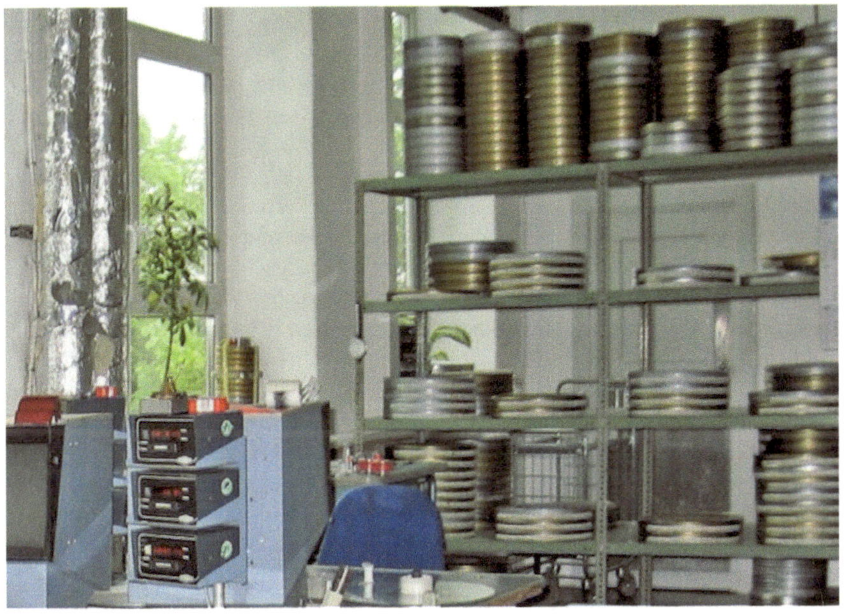

„Es wird nach einem happy end im Film jewöhnlich abjeblendt."
(Kurt Tucholsky aus: „Danach")

„Mit alten Filmen haben wir im Laufe der Jahre Erfahrungen gesammelt. Wir konnten sie von Nitrozellulose auf Sicherheitsfilm oder Polyester umkopieren, auf analoge Videobänder sichern und schließlich digitalisieren. Mit dem Verlassen des fotografischen Mediums verlieren wir jedoch die Möglichkeit, einen eventuellen Datenverlust spontan einschätzen zu können. Ein paar Meter Film vor einer Lichtquelle abgerollt offenbaren uns sofort den aktuellen Zustand des Materials. Essigsaurer Geruch ist ein zusätzliches Warnsignal eventueller Zersetzung. Ein altes Videoband jedoch zeigt, wenn es nicht schon durch Geruch auffällt, seine Beschaffenheit erst beim Abspielen und zerstört im ungünstigsten Falle die Videokopftrommel der Bandmaschine. Digitale Daten werden zur Zeit auf *LTO*-Bänder und Festplatten gesichert. Für die digitale Projektion hat sich das *DCP*-Format etabliert. Die großen Hollywood Studios hatten sich recht schnell darauf geeinigt, um einem eventuellen Formatkrieg vorzubeugen. Magnetische Speicherung auf rotierenden Scheiben weicht langsam der Speicherung auf SSD-Festplatten, und Blu-ray-Datenträger ermöglichen jedermann ein Heimfilm-Erlebnis in hoher Qualität.

Die Lebensdauer all dieser Speichermedien ist nicht unbegrenzt und stark abhängig von der Herstellungsqualität und den Umwelteigenschaften. Die Archivierung digitaler Daten ist die Herausforderung unserer Zeit. Wir sind geneigt, den aktuellen technischen Zustand für das Non plus ultra zu halten und haben keine Vorstellung davon, welche Möglichkeiten in einigen Jahrzehnten uns unsere jetzigen Datenspeicher so antiquiert erscheinen lassen, wie heute eine *Floppy-Disk*."

„Das stimmt", bestätigte Kalli. „Wer seinerzeit seine Diplomarbeit auf einer Diskette archiviert hatte, wird heute kaum noch einen Computer mit dem entsprechenden Laufwerk finden." „Da hast du ein gutes Beispiel gebracht", sagte ich. „Hard- und Software verändern sich rasend schnell und Codecs veralten. Die gute alte 35-mm-Filmrolle jedoch hat durch ihre weltweite Verbreitung gute Chancen, noch lange in gepflegten Filmprojektoren laufen zu können. Von einer *U-matic*-Kassette kennt man heutzutage kaum noch den Namen und das Abspielen einer 1 Zoll C-MAZ dürfte die meisten Fernsehanstalten vor ernsthafte Probleme stellen.

Ich hatte vor einigen Jahren Gelegenheit, mit einer international bekannten Bildhauerin, Filmemacherin und Performance-Künstlerin zusammenzuarbeiten. Ziel war, ein digitales Masterband zu erstellen, auf welchem ihr gesamtes künstlerisches Schaffen verewigt wurde. Sie erzählte dabei von ihrer Studienzeit und den Möglichkeiten, die das damals neue Medium Video bot. Viele ihrer Kommilitonen hatten begeistert zugegriffen, während sie selbst ausschließlich auf super 8,- 16- und 35mm-Film drehte. Eine glückliche Entscheidung, wie sich herausstellen sollte, denn die alten Kassetten ihrer ehemaligen Studienkollegen waren zum Teil nicht mehr abspielbar."

Kalli blickte mich an. „Ich glaube, dein Herz hängt auch noch sehr am Film, oder? Welche Chancen gibst du ihm denn für die Zukunft; wird er noch einmal, wie die Vinyl-Schallplatte auferstehen?" „Das Problem des Farbfilms ist das langsame ausbleichen der Farbstoffe", sagte ich. „Schwarzweiß-Filme, die ein reines Silberbild enthalten, sind da wesentlich beständiger. Du erinnerst dich sicher, als wir über das *Technicolor*-Verfahren sprachen, dass ich die drei Farbauszüge erwähnte. Diese waren ja, wie gesagt, Schwarzweiß-Negative und somit ideal zum Archivieren. Diesen Gedanken griff man vor einiger Zeit in den USA wieder auf und fertigte von bedeutenden, neueren Filmen Farbauszüge an, um sie dann für lange Jahre einlagern zu können. Ein anderer Weg bietet sich mit der digitalen Technik an. Die Idee dabei ist, den digitalisierten Filminhalt als Schwarzweiß-Muster kontinuierlich auf 35-mm-Film aufzuzeichnen." „Du meinst, so ähnlich wie ein QR-Code?" fragte Kalli. „So kann man es sich vorstellen", sagte ich. „Bei all diesen Überlegungen sollte man aber immer im Auge behalten, dass die notwendigen Geräte ebenfalls über Jahrzehnte hinaus funktionsfähig gehalten werden müssen. Der Anteil elektronischer Bauteile in den Geräten nimmt ständig zu, gleichzeitig verschwinden die Teile wieder schnell vom Markt. Der Hersteller nennt dies: End of Life, so dass für eine lange Nutzungszeit genügend Ersatzteile bereitgestellt werden müssen. Dies führt zu einem weiteren Problem. Werden diese Teile unsachgemäß gelagert, können sie durch Luftfeuchtigkeit, Temperaturschwankungen, UV-Licht oder elektrostatische Felder, um nur einige Faktoren zu nennen, unbrauchbar werden. Die Prognose, alte Geräte mit hohem Elektronik-Anteil am Laufen zu halten, sieht also eher düster aus." „Das scheint mir ein kaum lösbares Problem zu sein", sagte Kalli. „Eine defekte, mechanische Schreibmaschine kann man sicher immer reparieren, aber für einen zwanzig Jahre alten Computer wird es bald keine Teile mehr geben." „Du sagst es", stimmte ich zu. „Deshalb scheint mir ein anderer Weg vielversprechender. Bei Kodak hat man inzwischen nicht geschlafen und als preiswerte Alternative zum Verfahren mit Farbauszügen einen Archivierungsfilm mit der Bezeichnung *Kodak Vision3 Digital Separation Film 2237* auf den Markt gebracht. Dieser, speziell für digitale Ausbelichter entwickelte Film soll über 100 Jahre, optimale Lagerung vorausgesetzt, mechanisch und farblich stabil bleiben. Somit können wir also zu einem versöhnlichen Schluss kommen und der Filmrolle ein Weiterleben als Archivmedium wünschen."

„Schlussendlich ist Film das beste und verlässlichste Medium für die Konservierung.
Ohne Zweifel lebt es auf eine Weise, die nicht mit anderen Formaten vergleichbar ist."
Kodak

Nachwort

An dieser Stelle beendeten wir unsere gemeinsamen Ausflüge durch Berlin und die Filmtechnik.
Kalli fuhr am nächsten Tag über München zurück nach Murnau. Wir standen morgens auf dem Fernbahnsteig und blickten dem einfahrenden Zug entgegen. In der vergangenen Woche hatten wir über vieles geredet und jetzt, kurz vor dem Abschied, fehlten uns die Worte. Wir umarmten uns und wenig später rollte der Zug aus dem Bahnhof. Nach einigen Tagen holte ich einen Brief von Kalli aus dem Briefkasten.

Mein lieber Thomas,
Du lächelst sicher über die altmodische Art der Nachrichtenübermittlung. Zunächst möchte ich mich noch einmal recht herzlich für die netten und informativen Tage bedanken, die wir miteinander verbracht haben. So wie Du am klassischen Film hängst, liebe ich das geschriebene Wort auf dem Papier. Deshalb also heute keine E-Mail. An den Abenden nach unseren Ausflügen habe ich mir auf dem Hotelzimmer Notizen gemacht. Sie liegen jetzt als fast fertiges Manuskript vor mir und ich würde es Dir gern zum Lesen geben. Du siehst also, auch ich komme nicht so schnell von meinem Beruf los. Wenn Du möchtest, schicke ich es Dir als PDF-Datei, lieber wäre es mir allerdings, Du kommst uns mit deiner Frau besuchen und wir lesen es gemeinsam. Bitte teile mir mit, welcher Termin passt.
In alter Freundschaft, Kalli.

„Aus kleinem Anfang entspringen alle Dinge."
Marcus Tullius Cicero (106–43 v. Chr.)

Literaturverzeichnis

Der Weg von der Schaubude zum modernen Filmpalast – Friedrich v. Zglinicki
– Kino-Technik, Heft 11/1955

Ein fast vergessenes Kapitel deutscher Kinotechnik – Einar Maschmann –
FILM & TV KAMERAMANN 48. Jahrgang Nr. 6/99

Die Arriflex - Story – Film & TV Kameramann

Karl A. Geyer zum Gedenken – Kinotechnik, Heft 11/1964

Die Filmfabrik - Eine Firmengeschichte der Geyer-Werke – Martin Koerber

Automatisches additives Farbfilmkopieren in den USA – H.C. Wohlrab
– Kinotechnik, Heft 2/1965

Einführung in die Kopierwerketechnik – J.Webers K. Westendorp
– Fernseh- und Kinotechnik, Heft 6/1978

Stereo- und Breitwandfilme leiten eine neue Epoche ein
– Dr.-Ing. H. Lüscher Kinotechnik, Heft 11/1955

John L. Baird - Ein Pionier der Neuen Medien – Hanns Erik Endres
– K&T, Heft 1/1986

Kino im Wohnzimmer – Der Spiegel 8. Juni 1950

3D IMAX 70mm heute –- Gerhard Witte – www.in70mm.com

Cinemiracle/Cinerama in Deutschland – Gerhard Witte – www.in70mm.com

Geschichte der Telecine – AV – Invest, Heft 6/1999

60 Jahre FKT – 60 Jahre Entwicklung von Film und Fernsehen
aus der Sicht der Zeitschriftenartikel – FKT, Heft 3/2007

Abbildungsverzeichnis

Titelbildgestaltung: Matthias Sack

Seite 19: Ernemann VIIb-Projektor
Seite 31: Tumpach-Schrittkopiermaschine
Seite 45: Standard-Entwicklungsmaschine
Seite 54: Messen am Macbeth-Densitometer
Seite 57: Der Verfasser am Hazeltine-Coloranalyzer
Seite 70: Ehefrau Regine am Schneidetisch
Seite 77: Anaglyphenverfahren
Seite 85: Ampex-Anlagen, rechts Betacam sp
Seite 87: PAL-Farbbalken
Seite 93: Spirit-Filmabtaster
Seite 94: Ursa-Filmabtaster
Seite 95: Pogle-Korrekturgerät
Seite 99: Lustre-Korrekturgerät
alle Fotos: Verfasser

Seite 16: Projektorkopf mit Handkurbel und
Umlaufblende
Seite 81: Fernsehgerät, System Ardenne
Fotos: Verfasser, mit frdl. Genehmigung
Technikmuseum Berlin

Seite 65: Super-16-mm-Negativ auf Schneidetisch
Seite 105: Filmlagerung Fotos: Regine Sack

Seite 25: Arriflex 35 IIc, aus Werbeprospekt der
Firma ARRI, 1964

Seite 35: Bell & Howell-Kopiermaschine,
Lichtschleusen Foto: Verfasser, mit frdl.
Genehmigung Bundesfilmarchiv Berlin

Seite 73: Cine Star Berlin
Seite 89: Bildplatten Fotos: Matthias Sack

Ein besonderer Dank gilt meinem Sohn Matthias. Seine Ratschläge für die Gestaltung des Buches waren eine unentbehrliche Hilfe für mich.

Ebenso danke ich herzlich Herrn Dieter Ebert für eine erste Beurteilung des Manuskripts sowie für wichtige Gestaltungstipps.

Einen Einblick in die Arbeit des Bundesfilmarchivs erhielt ich durch Herrn Marlo Boelens. Dafür ein herzliches Dankeschön!

Für das Korrektorat gilt mein großer Dank Frau Susanne Weber. Ohne ihre Hilfe hätte dieses Buch nicht entstehen können.